Offene Gärten in und um Berlin
Doro Wiederhold

Offene Gärten in und um Berlin

Doro Wiederhold

steffen verlag

Inhalt

»Ein Garten ist ein privater Kosmos oder er ist gar nichts.«

Eleanor Perényi, 1981 (Gärtnerin und Autorin)

Etwa fünftausend Gartenfreunde sind unterwegs, wenn an einem Wochenende im Frühsommer fünfzig Privatgärten in Berlin und Umgebung zum Besuch einladen. Man ist den ganzen Tag *auf Achse,* entdeckt neue Stadtteile oder Dörfer, genießt – und spricht darüber.

Bezüglich der *Offenen Gärten* bin ich *Täter* und *Opfer,* denn im Rahmen dieser Veranstaltung besuchen wir viele Gärten und öffnen unseren eigenen. Und beides ist ein reines Vergnügen! Es ist immer wieder faszinierend, einen neuen Garten zu erkunden oder festzustellen, wie sich ein altbekannter entwickelt hat, auf neue oder bisher unbekannte Pflanzen zu treffen, die spezielle Atmosphäre der Umgebung zu spüren und die Handschrift des Gärtners lesen zu lernen.

Wenn unsere Gäste kommen, herrscht Feststimmung. Der sonst so ruhige Garten ist plötzlich belebt, jede Pflanze bekommt die Aufmerksamkeit, die sie eigentlich immer verdient, und jeder kommuniziert mit jedem. Man tauscht sich schon auf der Straße vor dem Garten aus, fachsimpelt die Beete entlang, steht in Grüppchen zusammen, um der Begeisterung Ausdruck zu geben oder etwas kritisch zu diskutieren – und fragt: Wie sind Sie hier gelandet? Machen Sie das auch beruflich? Wie alt ist der Garten, das Haus? Wie sah es hier vorher aus? Wie sind Sie auf diese Idee gekommen? Wie gehen Sie mit der Problemsituation um? Welche Erfahrungen haben Sie damit gemacht? Das sind erst die allgemeinen Fragen, und dann geht es mit den speziellen und gezielten weiter.

Diese Gesprächssituation setzte sich dann bei den Vorbereitungen für das Buch fort. Von April bis Oktober 2010 habe ich zehn andere Privatgärten regelmäßig besucht und fotografiert. Ich versuchte, diese Gärten mit den Augen ihrer Schöpfer und Pfleger zu sehen: Wie stellen sie sich ihr Paradies vor, was wünschen sie sich von ihrem Garten, was bedeutet er für sie, und sehen sie ihn vielleicht ganz anders als ich? Aus den Gesprächen mit den Gärtnern ergaben sich ihre ganz besonderen, persönlichen Geschichten, und mit den Fotos zusammen wird deutlich: es gibt nicht den einen schönen und richtigen Garten. Da, wo sich Pflanzen und Gärtner wohl fühlen, ist es gut. Und dort, wo man Gärten liebt, kann man sich wirklich ruhig niederlassen!

Doro Wiederhold

Ein Rosengarten am Hang

Landwirtschaftlicher Nebenerwerbsbetrieb oder Ziergarten?
In Potsdam-Eiche herrscht friedliche Koexistenz von Augen- und Gaumenfreuden.

Das Dorf Eiche, westlich des Parks Sanssouci, wurde bereits 1193 urkundlich erwähnt und erst 1993 von der Stadt Potsdam eingemeindet. In der heutigen Kaiser-Friedrich-Straße soll 1840 ein schwerer Brand gewütet und der Kronprinz mitgeholfen haben, ihn zu löschen, daher wurde die Straße nach ihm benannt. Eiche lebte von der Nähe zum Schloss, ein Teil der Bediensteten von Sanssouci wohnte hier, und damals wie heute prägt eine große Kaserne den Ortseingang.

Familiengeschichte

Die Urgroßeltern von Günter Nies haben sich 1889 als Milchhändler mit einem kleinen landwirtschaftlichen Betrieb hier angesiedelt.
Ihr Sohn Max heiratete 1909, bekam 1910 eine Tochter, Günter Nies' Mutter, und 1914 einen Sohn, bei dessen Geburt er bereits gefallen war. Die Großmutter führte den Betrieb weiter und brachte ihre beiden Kinder durch die schwierigen Zeiten nach dem Ersten Weltkrieg. 1933 erwarb sie weitere vier Morgen Land, aus dem eine sehr erfolgreiche Obst-Plantage entstand. Ihr Sohn, inzwischen Gartenbaumeister, der den Betrieb später übernehmen sollte, fiel im Zweiten Weltkrieg.

Haus und Hof

Heute ist das Grundstück noch etwa 1500 Quadratmeter groß. Das Haus an der Straße ist eher unscheinbar, dahinter verbirgt sich ein geräumiger Hof und die alte Scheune, in der früher Kühe, vor allem aber ein Pferd und der Milch-Wagen standen. Natürlich gab es auch Hühner und Schweine, Gänse und Ziegen.
Heute sind Hof und Scheune sehr gepflegt und mit viel Aufmerksamkeit dekoriert. Der Durchgang zum hinteren Grundstücksteil wirkt wie ein Fenster, durch das man auf die Pflanzenkübel eines mediterranen Gartens blickt. Auf der Rückseite der Scheune lenkt ein Schattenbeet die Aufmerksamkeit auf sich, dahinter, unter einem Abdach, liegt Brandholz gestapelt, eine Axt griffbereit, in der Ecke ein großer Dunghaufen.
Eine Treppe führt nach oben in den eigentlichen Garten. Günter Nies erinnert sich, als Kind auf der kleinen Mauer Hüpfen gespielt zu haben, wegen der Erosion musste inzwischen eine knapp zwei Meter hohe Stützwand errichtet werden.

Heute führt die Treppe auf eine windgeschützte Terrasse. Wo man es sich jetzt gut gehen lassen kann, stand damals ein kleines Gewächshaus mit Mistbeetkästen. Mit Pferdedung gemischte Erde erzeugte Wärme, und so konnte man schon früh im Jahr Blumen verkaufen und das erste Geld verdienen.

Dahinter steigt der Südhang auf 100 Metern Länge weitere zehn Meter an. Ein gerader Sandweg in der Mitte des Grundstücks führt den Hang hinauf, rechts und links davon wurden ausschließlich Nutzpflanzen angebaut. Der Ertrag an Beeren, Birnen, Äpfeln, Kirschen, Nüssen und Tomaten war natürlich größer als der Eigenbedarf. In der DDR gab es dafür immer genug Abnehmer, wie Günters Kollegen im Funkhaus, wo er als Messingenieur tätig war, oder Barbaras, die als medizinisch-technische Assistentin im Krankenhaus arbeitete. Als Ende 1989 die *Bananen-Epoche* anbrach, sank die Nachfrage schlagartig.

Als Barbara Welk-Nies und Günter Nies im Mai 1989 ihr neues, gemeinsames Leben beginnen wollten, gefiel

Barbara Welk-Nies

Barbara das Anwesen überhaupt nicht: »Alles war grau in grau. Wir überlegten uns, zu verkaufen und mit dem Erlös Reisen zu unternehmen. Das Interesse war groß, der Verkauf scheiterte nur daran, dass wir keine Wohnung finden konnten, die mir gefiel.«

Irgendwann entschieden sie sich, doch hier zu bleiben, Haus und Hof nach ihrem eigenen Geschmack umzugestalten. Heute ist Günter Nies heilfroh, denn nach der Wende ist der Wert des Hauses viel größer und ein Leben ohne den Garten kann er sich gar nicht mehr vorstellen.

Langsame Metamorphose

Barbara stellte sich unter einem Garten sowieso etwas anderes vor als nur Nutzpflanzen und Feuerlilien. Also begann sie, zwanglos unter die Obstbäume und an die Ränder der Beete Blumenzwiebeln, Stauden und Rosen

Das Dach der 120 Jahre alten Scheune durch den *Stockrosen-Bogen* gesehen.

Scheuneneinfahrt im August

zu setzen. »Günter hat zwar immer gemeckert, wenn ich irgendwo etwas hingepflanzt habe, weil er nicht mehr so leicht an die Obstbäume kam, aber die haben jetzt sowieso ein Alter erreicht, in dem sie nach und nach ersetzt werden müssen.« Offensichtlich hat er sich aber mit der gemischten Nutzung abgefunden, denn die meisten Spaliere, Rankgitter und Obelisken hat er in der Scheune selbst gebaut. Nur manchmal fragt er sich, was seine Großmutter wohl sagen würde, wenn sie den Garten heute sähe: »Da wären wohl ein paar Erklärungen fällig.«

Heute trennt eine streng geschnittene Ligusterhecke den Garten vom vorderen Teil des Grundstücks. Die Terrasse ist an zwei Seiten von mit Rosen bewachsenen Rankspalieren eingefasst, rechts eine Gitterwand als Blickschutz zum Nachbargrundstück, geradeaus entstanden Fenster, durch die man auf den Hanggarten blickt. Links von der Terrasse befindet sich das größte Rosenbeet des Gartens, in der Mitte die mit gefüllten Petunien bepflanzte Stein-

vase auf einem Sockel. Den Abschluss bildet ein Rankgitter, das im Sommer allerdings vollständig von Kletterrosen verdeckt wird: *The Pilgrim, Emanuel, Teasing Georgia* und beim Durchgang zum Kompost *Ghislaine de Félisgonde.* Durch einen romantischen Bogen gelangt man auf den geraden Sandweg, der den Hang hinaufführt. Rechts vom Weg wechseln sich Blumenbeete mit Erdbeerfeldern und Obstbäumen ab. Ganz oben befindet sich ein romantischer Sitzplatz zwischen Dahlien, Schmuckkörbchen, Lavendel und natürlich – Rosen, hier Westerland. Von hier aus blickt man über die Scheune hinweg auf die Dächer von Potsdam-Eiche. Auf der anderen Seite des Weges wurden mehrere, mit Buchsbäumen eingefasste Themen-Beete angelegt, in denen beispielsweise ausschließlich verschiedene Hortensienarten wachsen oder nur weiß blühende und seltene Pflanzen wie Krötenlilie oder Lilientraube. In der Mitte steht ein kleines, weißes Treibhaus, in dem Günter Nies Tomaten anbaut. Dazwischen werden die Obstbäume, Beerensträucher und Salatbeete

Für diese Pracht ist während der Vegetationsperiode viel Pflege erforderlich

Der Juli bietet Gartenfreuden für alle Sinne.

Wenn die Rosen verblüht sind, sorgen die Pfirsiche für Farbe.

immer wieder von Rosen und Stauden aufgelockert. Auf dem Rückweg kann man die Wirkung des Rosenbogens zur Terrasse noch besser genießen.

Die Bodenverhältnisse

In Brandenburg muss man davon ausgehen, armen, sandigen Boden vorzufinden. Hier kommt hinzu, dass er durch über 100 Jahre Obstanbau sehr erschöpft ist, es fehlen die Spurenelemente. Zusätzlich schwemmt jeder Regenschauer Teile der traditionell blank gehaltenen Erde weg.

Ein Teil der Lösung heißt: Rinderdung. In jedem Herbst werden 80 bis 100 Zentner drei Jahre alten Dungs auf dem Hof abgekippt, mit der Schubkarre hinter die Scheune gebracht und dort ordentlich aufgeschichtet. »Ein Besucher hat mal gesagt: ›Von Ihrem Misthaufen könnte man ja essen!‹« Schon im Herbst wird ein Teil in Eimer umgefüllt und in siche-

rem Abstand zwischen die Pflanzen auf die Beete gestreut. Um die Erosion aufzuhalten, werden auf dem Gelände nach und nach flachere Beete angelegt und neue Elemente, wie das kleine Gewächshaus, bewusst quer gestellt. Trotzdem spülen längere Regenperioden die Wurzeln der Buchsbaumhecken immer wieder frei.

Da sich die Anlage aus einem typischen bäuerlichen Nutzgarten entwickelt hat, kam nie jemand auf die Idee, einen Rasen anzulegen. Die in anderen Gärten übliche Debatte Rasen versus Beete dreht sich folgerichtig hier um Nutz- versus Zierpflanzen. Je mehr Stauden Barbara pflanzt, desto schwieriger ist es für Günter, die Obstbäume zu pflegen. Bodendecker würden die Erde festhalten, erschweren aber den Zugang zu den Erdbeer-Beeten. Pflanzenschutzmittel, die gut für die Rosen sind, müssen von den reifenden Früchten ferngehalten werden. Für Diskussionsstoff ist also gesorgt, aber beide sind sich einig, dass es bei der Kombination von Augen- und Gaumenschmaus bleiben soll.

Diese *Bremer Stadtmusikanten* duften fein.

Rosen-Wellness in Potsdam-Eiche

Einmal gepflanzt, benötigen Rosen etwa drei Jahre, um sich zu etablieren. Sie wurzeln sehr tief und sollten nach Möglichkeit nicht umgepflanzt werden. Muss doch einmal eine Pflanze ersetzt werden, empfiehlt es sich, den Boden tiefgründig auszutauschen, bevor man an die gleiche Stelle wieder eine Rose pflanzt.

Im Spätherbst werden die Rosenstöcke angehäufelt, um die Veredelungsstelle vor Frost zu schützen. Alle Strauchrosen werden um ein Drittel zurückgeschnitten, Schnittgut und gesundes Laub auf den Kompost gebracht. Im Frühjahr wird abgehäufelt, und die Rosen erhalten einen Langzeitdünger sowie eine Lage Rinderdung. Mit Anfang der Vegetationsperiode beginnt auch der Pflanzenschutz. Die Wirkstoffe gegen Mehltau und Rosenrost dürfen jeweils nur zweimal jährlich eingesetzt werden, danach muss man notfalls eine andere Substanz verwenden. Kranke Blätter werden das Jahr über konsequent abgesammelt und entsorgt, damit sich die Pilzsporen nicht weiter verbreiten.

Schadinsekten werden abgesammelt, die von der Rollblattwespe angegriffenen Blätter abgeschnitten, sich krümmende Triebe, die vom Rosentriebbohrer befallen sind, entfernt und alles im Müll (nicht auf dem Kompost!) entsorgt. Die wenigen, metallisch grün glänzenden Rosenkäfer kann man tolerieren, auch Läuse gibt es dank der Marienkäfer nur wenige, sie werden notfalls gezielt bekämpft. Wühlmäuse meiden diesen Garten, dafür sorgt der Fuchs, den man hier gerne zu Gast hat.

In den sommerlichen Trockenperioden wird der Boden um die Rosen herum mit einer Hacke aufgelockert und zu einer Mulde geformt. Die Pflanzen benötigen im

Kübelpflanzen sorgen für mediterranes Flair.

Strahlend blauer Septemberhimmel mit Rose *Comte de Chambord*

In der Amphore blühen gefüllte Petunien.

Graham Thomas und Himbeeren am Birnbaum

Sandboden zwar viel Wasser, sollen aber nicht jeden Tag gegossen werden, um das Tiefenwachstum der Wurzel zu fördern. Sprengen kommt nicht in Frage, weil es den Pilzbefall begünstigen würde, deshalb erhält jede der 160 Pflanzen einmal wöchentlich drei Gießkannen, also etwa 30 Liter Wasser. Ab Mitte August gibt man mehrere kleine Gaben Patentkali; die Pflanzen können nicht viel gleichzeitig aufnehmen und der Rest würde weggeschwemmt. Es existieren unterschiedliche Meinungen darüber, ob man jetzt noch Verblühtes abschneiden soll. Die Gefahr besteht, dass der hierdurch geförderte Neuaustrieb bis zum Winter nicht mehr ausreichend aushärtet und die Pflanzen stärker unter dem Frost leiden könnten.

Rosenpartner

Das wichtigste Auswahlkriterium ist für Barbara Welk-Nies der Duft der Rosen, außerdem bevorzugt sie pastellfarbene und gefüllte Sorten. Ihre Lieblingsrosen sind *Walzertraum,* wegen der großen nostalgischen Blüten, die sehr farbstabil sind, und *Abraham Darby,*

die intensiv duftet. Beide eignen sich gut als Schnittblumen. Die Schönheit der Rosen gewinnt beim friedlichen Nebeneinander mit Lavendel, Disteln, Mönchspfeffer, Rittersporn, Glockenblumen, Blutweiderich, Stockrosen, Katzenminze, Salbei, Fingerhut, Lerchensporn und Prachtkerze. Zwiebelblumen wie Narzissen, Tulpen, Allium und viele Vergissmeinnicht gehen ihnen im Frühjahr voraus. Andere Gewächse wie Hortensien, Anemonen, Septembersilberkerze kommen besser mit dem Schatten der Obstbäume zurecht.

Gefiederte Gäste

Im Garten Welk-Nies werden die Vögel das ganze Jahr über gefüttert. Anstoß dazu gab eine Fernsehsendung mit Peter Berthold[1], einem Ornithologen und früheren Leiter der Vogelwarte Radolfzell, in der er darlegte, dass die ganzjährige Zufütterung notwendig ist. Die intensive Landwirtschaft verdrängt die Wildkräuter, von deren Samen sie sich früher ernährten, und auch in den Gärten finden sie kaum noch Futter. Die Folgen sind schlechte

Die unendliche Leichtigkeit der Cosmeen

Rosen und Rittersporn

Gesundheit und kürzere Lebenserwartung. Auch die Qualität der Eier ist nicht mehr ausreichend. »Wir kaufen jeden Monat 20 Kilogramm Vogelfuttermischung, dazu viele Haferflocken, Sonnenblumenkerne und etwa 25 Meisenknödel. Außerdem sorgen wir dafür, dass sie immer genug Wasser zum Baden und Trinken haben.«

Schon nach kurzer Zeit nahm die Anzahl der Vögel im Garten zu, inzwischen sind es sechzehn verschiedene Arten. »Im Frühjahr kommen sie schon mit ihren Jungen hierher, um sie zu füttern. Die Birke im Hof ist immer voller Vögel, das ist ein richtiger Vogelbaum geworden.«

Vogelarten im Garten Welk-Nies: Amsel, Bergfink, Blaumeise, Buchfink, Buntspecht, Erlenzeisig, Feldsperling, Gartenbaumläufer, Gartenrotschwanz, Grünfink, Haus-

sperling, Hausrotschwanz, Kernbeißer, Kleiber, Kohlmeise, Schwanzmeise, Rotkehlchen, Specht, Stieglitz, Wacholderdrossel, Ringeltaube und Zaunkönig.

Rosen, die sich in diesem Garten sehr gut entwickelt haben:

Abraham Darby, Acropolis, Alnwick Castle, Aphrodite, Ben Cant, Biedermeier Garden, Bobby James, Bremer Stadtmusikanten, Chartreuse de Parme, Chippendale, Clair Renaissance, Comte de Chambord, Constanze Spry, Coral Dawn, Dames de Chenonceau, Eckart Witzigmann Rose, Eden Rose 85, Elfe, Emanuel, Evelyn, Fantin Latour, First Lady, Gentle Hermione, Geoff Hamilton, Gertrude Jekyll, Ghislaine de Féligonde, Golden Celebration,

Gute Partner: die Rosen stützen den Rittersporn.

Günter Nies erfreut sich am Garten.

Graham Thomas, Guy Savoy, Henri Matisse, Heritage, Ilse Krohn Superior, James Galway, Jacques Cartier, Jubilee Celebration, Klosterrose, Leonardo da Vinci, Lions-Rose, Louise Odier, Mme. Figaro, Maiden's Blush, Margaret Merril, Mme. Alfred Carrière, Mariatheresia, Marie Antionette, Morning Jewel, My Granny, Nahéma, New Dawn, Papageno, Papi Delbard, Pastella, Paul Ricard, Penny Lane, Pink Grootendorst, Pink Traumland, Raubritter, Red Leonardo da Vinci, Reine des Violettes, Rhapsody in Blue, Rosarium Uetersen, Rose de Molinard, Rose de Resht, Schwanensee, Sebastian Kneipp, Sombreuil, Souvenir de la Malmaison, Stanwell Perpetual, Strawberry Hill, Teasing Georgia, The Alnwick Rose, The Fairy, The Generous Gardener, The Pilgrim, Walzertraum, Winchester Cathedral

Rosen, die in diesem Garten eingegangen sind:
· *Rokoko, Angela, Bonica, Cinderella, Home & Garden* erfroren
· *Alfred Carriere,* möglicherweise angesteckt vom kranken Birnbaum
· *Veilchenblau,* Ursache noch unbekannt

Öffnungszeiten

Die Öffnungszeiten dieses Gartens werden publiziert unter www.urania-potsdam.de oder www.offene-gaerten-berlin-umland.de

1 Peter Berthold und Gabriele Mohr: Vögel füttern – aber richtig, Das ganze Jahr füttern, schützen und sicher bestimmen, Kosmos 2008.

Die Kletterrose *Rosarium Uetersen* belebt den Hof.

Der Weg ist das Ziel

Karin Konrath schlendert durch ihren Garten in Schönwalde
und hängt dabei ihren Gedanken nach.

Vielleicht liegt es ja daran, dass wir noch relativ jung sind, aber irgendwie erzählen uns immer alle, wie und was wir im Garten machen sollen. Angefangen bei meinem Vater, der fand, wir sollten unbedingt eine Streuobstwiese anlegen, bis zu denen, die uns rieten, »alles platt zu machen« und bei Null anzufangen. Ist aber nicht mein Ding.

Als unser Walnussbaum einging, haben viele gratuliert, es sei doch so schwierig, eine Fällgenehmigung zu bekommen, um ihn loszuwerden. Als wir dann einen neuen gepflanzt hatten, wurde ich angesprochen: »Aber Sie wissen doch, dass das ein Walnussbaum ist, oder? Sind Sie sicher, dass Sie den auch wirklich wollen?« Ja, bin ich. Und jetzt haben wir noch eine Esskastanie gepflanzt.

Viele Leute haben einfach eine ganz andere Vorstellung vom Gärtnern. Ich glaube, sie räumen ihren Garten auf, so ähnlich wie ihre Wohnung, und wenn alles schmuck und nett ist, dann ist die Arbeit getan und man kann sich setzen und ausruhen. Viele, die mich hier rumpuzzeln sehen, denken wahrscheinlich: sie kann es einfach nicht besser. Hier ist es aber genau so, wie ich es haben will. Ich verpflanze von links nach rechts, verändere hier und da, jäte Unkraut, und das Tun ist der Spaß.

Vorgefunden haben wir auf den etwa 1300 Quadratmetern des Grundstücks vor allem Abfall; noch heute wachsen die Kronkorken aus der Erde. Der alte Eigentümer hatte hauptsächlich Obst und Gemüse angebaut. Als wir hier 1999 einzogen, war der Garten schon einige Zeit sich selbst überlassen gewesen. Da konnte man gut sehen, wie schnell sich die Natur wieder breit macht. Das Haus besteht aus mit Ziegeln ausgemauertem Holz-

ständerwerk. Zwischen Ziegeln und Holzfassade besteht eine Luftschicht. So ist es in den 1930er Jahren gebaut worden. Anfangs war ich nicht wirklich begeistert, auch die Farbe fand ich gewöhnungsbedürftig. Erst dachte ich, ach, man kann's ja auch anders streichen. Heute finde ich sie richtig schön und zu unserem Haus passend.

Das Haus ist natürlich nicht riesig, und die Koniferen davor lassen es noch kleiner erscheinen. Einige haben wir schon weggenommen. Sie waren sicher zum Beschatten der Wohnräume gedacht, es gibt ja keine Jalousien und sie bieten auch Sichtschutz zur Straße hin. Im Umkehrschluss können wir aber auch vom Wohnzimmer aus nicht in unseren Garten gucken. Deshalb sollen sie schon irgendwann weg, aber erst, wenn wir wissen, wie wir den Platz vor dem Haus dann gestalten.

Der nächste Schritt, wenn die Vögel wieder raus sind, wird sein, sie kräftig zu kürzen. Da, wo wir einen Teil der Hecke durch die Traubenkirsche ersetzt haben, ist es schon viel heller. Sie lässt im Winter das Licht ins Haus, hat im Frühsommer herrliche weiße Blütentrauben, die auch noch toll duften, und wenn der Schatten für das darunter liegende Beet zu stark wird, kann man sie noch etwas aufasten, dann wird's wieder luftiger.

Wenn die restlichen Koniferen weg kämen, könnte ich die kleine Böschung mit einer Trockenmauer abfangen, Steingartenpflanzen hineinsetzen, dazwischen ein paar Rosen oder einen Feigenbaum ... Dann könnte ich noch mal so richtig aus dem Vollen schöpfen, was ja mittlerweile im restlichen Garten nicht mehr unbegrenzt möglich ist. Ich mache das ja nun doch schon ein paar

Karin Konrath und Thomas Wächter

Jahre, es steht ein ordentliches Gerüst, und man muss mit dem, was man kauft, immer wählerischer sein, aber dann könnte man noch mal einen Startschuss geben und sich so richtig auslassen.

Meine Eltern hatten 120 Quadratmeter Garten, ich war also nicht völlig unbedarft, aber am Anfang ziemlich ahnungs- und planlos. Da musste uns erst meine Schwie-

germutter besuchen und erklären, dass wir viele große Fliederbüsche haben – aha! Ich hab dann, nach der Arbeit im Büro, mal einen kleinen Bereich bei der Terrasse mit dem bepflanzt, was mir meine Mutter mitgegeben hat. Ein paar von den alten Stauden konnten wir auch retten, am Weg zum Haus standen immer abwechselnd eine grüne und eine grünweiße Funkie, die haben wir behalten. Auch sonst hätte ich es dumm gefunden, alles zu roden:

Hortensienblüten in Hülle und Fülle

Ein Weg aus Holzschnitzeln führt zum Pavillon links vom Haus.

die großen Fliedersträucher, Buchsbäume und Rhododendren – auch wenn ich mir die Blütenfarben vielleicht nicht immer so ausgesucht hätte. Aber sie geben eben Struktur und das ist ja der Vorteil, wenn man einen alten Garten übernimmt. Langsam muss ich aber anfangen, sie zu beschneiden, weil der Regenschatten immer größer wird und die neuen Stauden und Sträucher zu kurz kommen.

Der gepflasterte Weg zum Haus war schon da. Er ist ja ziemlich rustikal, aber mir gefällt es, dass die Steine Moos ansetzen. Wir werden ihn bald mal aufnehmen und neu verlegen müssen, um Stolperfallen zu beseitigen. Anfangs, als wir hier rechts vom Weg nur Sommerblumen gesät hatten, Ringelblumen, Cosmeen und Mohn, dazwischen Kürbisse, da war wirklich Chaos. Klar, das konnte es auf Dauer nicht sein, aber um den Boden zu bedecken, war's toll und wirklich spannend. Den schlichten, rostfarbenen Maschendrahtzaun rechts zwischen unserem Grundstück und dem Wald sieht man

den größten Teil des Jahres überhaupt nicht. Die meisten Gehölze davor sind nun auch schon zwei bis vier Meter hoch, und der Übergang wirkt dadurch ganz natürlich – die Grenzen verschwimmen so langsam.

Abgesehen von dem einen befestigten Weg sind die anderen alle aus Kieselsteinen, Holzschnitzeln oder gehen einfach durch die Beete. Was sich hier aussät – Lupinen, Vergissmeinnicht, Akelei – darf bleiben.

Wo das Grundstück an den Wald grenzt, trocknen die Bäume den Boden doch sehr aus, das habe ich anfangs unterschätzt. Ich hatte mich nur gewundert, warum auch robuste Pflanzen sich auf dieser Seite des Gartens nicht gut entwickeln. Als ich sie ausgrub, war der Boden staubtrocken und man konnte nur staunen, dass da überhaupt noch etwas wuchs.

Anfänglich waren die Beete auch zum Wald hin mit Buchsbaum eingefasst, aber das nahm natürlich Platz weg, den ich lieber für Stauden nutze. Hier am Weg wird

Renovierte Scheune hinter dem Haus

Frühling am Teich

er aber bleiben, ich finde, er gibt eine gewisse Struktur. Die ganze Beetfront rechts vom Weg bis zum Haus wird dann komplett aus Buchsbaum bestehen. Wenn die Hecke dann geschnitten ist, wirkt es noch besser, das geht nur jetzt wegen der Hitze nicht. Ich will zwar keine Weltmeisterschaft in akkurat Schneiden aufstellen, aber sie sollen schon einen gewissen Formschnitt haben, quasi als Kontrast zum Chaos im Beet.

Die schmalen Kieswege, die in die Beete hineinführen, sind dafür gedacht, dass man sie besser bearbeiten kann. Bei einer großen Rabatte hat man sonst ein Pflegeproblem. Ich stehe ja jetzt schon oft akrobatisch auf einem Bein im Beet und versuche, etwas rauszuzuppeln, ohne auf etwas anderes zu treten. Außerdem, wenn man sich da am Ende des Weges hinsetzt, hat man einen ganz

anderen Blickwinkel und das Gefühl, man sitzt so mittendrin. Das wird noch ausgeprägter sein, wenn die Rosenbögen berankt sind, mit Geißblatt und *Ghislaine de Féligonde,* die soll ja den Halbschatten vertragen.

Auf der Waldseite ist es ja nicht nur schattig, es ist einfach staubtrocken. Da muss man sich schon fragen, wie viel Aufwand will ich betreiben, will ich ständig gegen den Standort angärtnern. Auf Dauer ist das einfach zu aufwändig. Dann lieber mal auf eine Pflanze verzichten und sich für eine entscheiden, die mit dem Standort gut klarkommt. Natürlich ist man immer mal geneigt zu sagen, also die Pflanze ist so toll, die nehme ich jetzt doch, da kümmere ich mich dann ein bisschen mehr drum, davon kann sich wahrscheinlich keiner freisprechen. Aber das sollte doch eine Ausnahme sein. Und das hat nicht

Die Kübel bilden den Übergang zwischen Buchsbaum und Steinen zwischen Weg und Beeten.

Eine ungewöhnliche Kombination: Knöterich und Phlox

Namenlose Funkie

Die Blätter der Heuchera glänzen silbrig.

nur mit dem Aufwand zu tun. Es ist einfach auch unsinnig, die Zeit damit zu verschwenden, eine Pflanze da päppeln zu wollen, wo sie nun wirklich um's Verrecken nicht sein möchte. Ich will ja mit der Natur gärtnern und nicht gegen sie.

Wobei man durchaus einiges ausprobieren sollte. Lehrbücher können wirklich nur ein Anhaltspunkt sein, nicht mehr und auch nicht weniger. Und viele Pflanzen halten sich dann so gar nicht an die Bücherweisheit. Wie letztes Jahr die Iris sibirica, die laut Lehrbuch einen *frischen* Boden mögen. Und ich wusste nicht so recht, wohin mit ihnen. Als *Langzeitversuch* hab ich sie in Wannen mit Wasser gesetzt und den ganzen Winter über darin stehen lassen, um sie dann in die Sumpfzone zu pflanzen. Und das haben sie sehr gut vertragen.

Diese Waldschmiele finde ich wirklich sensationell. Das ist ja gar kein außergewöhnliches Gras, aber es hat praktisch nur Vorteile. Es blüht schon ab dem Frühsommer, ist

ziemlich schattenverträglich und sieht im Herbst immer noch super aus. Dagegen können mich die Iris in meinem Garten noch nicht so überzeugen. Also, sie gefallen mir in anderen Gärten oft sehr gut, aber ich habe hier noch nicht so viele passende Standorte ausgemacht. Ich finde, dass sie nach der Blüte oft extrem nachlassen. Vielleicht muss man sich wirklich von manchen Sorten trennen und andere nehmen. Und heute hätte ich auch kein Problem mehr damit, ganz ohne sie auszukommen.

Das Quadrat hier wird mit Buchsbaumstecklingen in Dreiecke unterteilt. Zwei Dreiecke sind ausschließlich mit Funkien bepflanzt, und es wäre jetzt folgerichtig, bei den anderen auch so zu verfahren, aber erfahrungsgemäß fehlt mir die nötige Konsequenz. Das müsste ich sowieso nicht im ganzen Garten haben, aber ein kleiner Bereich ist in Ordnung. Ich überlege schon, ob ich nicht rechts und links alles rausnehme, die Frage ist nur, wohin damit. Dahinter stehen noch Prachtspieren, und das ist sowieso problematisch, eine relativ trockene Angelegenheit, und

Sitzplatz direkt am Wald

Für diese Pflanzen wird noch ein Platz gesucht.

Prachtspieren mögen es lieber feucht und sind ziemlich nachtragend, wenn man sie mal nicht rechtzeitig wässert. Andererseits kommen sie ja mit sehr viel Schatten zurecht und zeigen trotzdem eine üppige Blüte, was ja bei Schattenstauden nicht so häufig vorkommt, da steht meist der Blattschmuck im Vordergrund.

Also, die Überlegung ist, die Prachtspieren vielleicht in die Buchsbaum-Dreiecke zu pflanzen, den Buchsbaum aus der Mitte raus und dahin etwas Anderes. Dessen Wurzelwerk ist auch nicht unproblematisch, es ist echt schwierig, ein Schäufelchen in den Boden zu bekommen und heraus kommen fast nur Wurzeln. Das hätte ich mir nicht so massiv vorgestellt. Diese Stelle ist auch noch nicht, wie ich mir das so gedacht hatte. Den Buchsbaum habe ich von meinem Vater, der befreit sich zur Zeit von seinen Töpfen und ich versuche dann, die Pflanzen hier unterzubringen. Als Beetmittelpunkt könnte er so bleiben. Oft stehe ich ja vor einem Beet voller Stauden und denke, es ist so kleinteilig, so unruhig. Jede einzelne Pflanze

ist schön, aber es gefällt mir trotzdem nicht. Vielleicht will ich einfach zu viele verschiedene haben, und es wäre besser, mich auf weniger Arten zu beschränken und dafür dann in Masse. Also, da muss ich noch einen Mittelweg finden, viele verschiedene Pflanzen, ohne dass die einzelne untergeht.

Wie dieser Geißbart, 80 Zentimeter hoch, mit wunderschönem Blatt. Die Pflanze geht an der Stelle völlig unter, man nimmt sie gar nicht wahr. Dieses Beet ist der beste Beweis: Eine Ansammlung schöner Pflanzen ist noch kein schöner Garten. Das habe ich mir wirklich einfacher vorgestellt, aber andererseits gibt es auch Bereiche, die auf Anhieb gelungen sind.

Bin gespannt, ob die Hortensien *Endless Summer* wirklich den ganzen Sommer über blühen werden. Die Nelken gefallen mir hier gar nicht. In dem anderen Beet finde ich sie schön, aber hier sehen sie grauenhaft aus. Sie werden nach der Blüte umziehen (vielleicht sogar auf den Kompost).

Die Farbe des Hauses bildet den perfekten Hintergrund für Hortensien und Anemonen.

Das ist hier eines der Beete, die ich schon mehrfach neu gemacht habe, ich hab schon so einiges ausprobiert, aber die Stelle ist schwierig und ich hoffe, dass so eine kleine Buchsbaumgruppe jetzt die Lösung ist. Es kommt der Sache jedenfalls schon näher, ich muss nur noch sehen, was ich dazwischen platziere.

Inzwischen hat sich auch das weiß blühende Immergrün gut etabliert, zum Wald hin ist jetzt alles zu, dazwischen hat sich die Christrose ausgesät. Langsam nimmt es Gestalt an.

An der Waldseite kann man im Frühsommer wegen der Mücken kaum arbeiten. Deshalb fragt Thomas manchmal, warum ich den Sitzplatz überhaupt angelegt habe, da könne man ja doch nicht sitzen, aber der ist ja auch ein Gestaltungselement. Außerdem, ich kann da durchaus sitzen, mich mögen die Mücken nicht so gern, nur für Thomas ist das schwierig.
Auf den Steinen in den Beeten sitze ich ja auch nicht stun-

denlang, nur mal ein paar Minuten, da hat man mal eine andere Perspektive, guckt ein bisschen und dann ist gut.

Der Boden ist fast im gesamten Garten eher schlecht, hauptsächlich märkischer Sand, das Wasser wird einfach nicht festgehalten. Selbst nach einem starken Regenguss ist es bald wieder trocken, und vor allem auf der Waldseite ziehen die Bäume unglaublich was weg. Das ist der Preis, den man für die Lage bezahlt. Man wird immer bewässern müssen, obwohl ich versuche, das stark einzuschränken. Aber beispielsweise die Prachtspieren unter dem Apfelbaum, in den die Rose rankt, die kriegen wahrscheinlich selbst vom Sprenkler nicht genug Wasser ab. Da kommt etwas Anderes hin, auf das ich nicht ständig achten muss. Die Sterndolden habe ich umgesetzt, weil sie an der alten Stelle nicht gut gediehen, habe einen großen Wurzelballen abgestochen, und tatsächlich bekommen sie noch Blüten. Bisher hatte ich damit nicht viel Glück, ich finde sie vom Blattwerk sehr schön, aber mit Blüten gefallen sie mir noch besser. Mit den Töpfen ist dieses Beet

Transparenter Zaun am linken Grundstücksrand

abgeschlossen. Danach kommt die dunkelste Stelle im Garten, Schatten von der Kätzchenweide und vom Haus. Was von der Weide über den Weg hängt, werde ich mal kürzen, wegen des Regenschattens. Das ist für die Hortensien darunter nicht wirklich gut. Der Buchsbaum war schon da, müsste aber auch mal geschnitten werden, damit er nicht so ausufert.

Diese Spiere habe ich schon ganz früh gepflanzt. Auf öffentlichen Parkplätzen sieht sie ja oft nicht so gut aus, aber ich finde, als Einzelstrauch und nicht so viereckig geschnitten ist sie hübsch, blüht sehr lange, ist anspruchslos und sehr schnittverträglich. Richtig schön wird es hier sein, wenn die Sternmagnolie größer ist und vor dem Buchsbaum richtig zur Geltung kommt. Da ist aber noch Geduld gefragt.

Die Lilie in der Funkie war nicht geplant. Von den vielen Lilien, die hier standen, sind nur noch diese übrig geblieben. Die haben hier ein Problem mit der Wurzel-

konkurrenz. Ärgerlich, dass die Lilienfliege sich in die Knospen gesetzt hat, kurz vor der Blüte fallen sie dann ab. Das Absammeln hat leider nicht viel gebracht, und es regelt sich auch nicht von allein, also werde ich nächstes Jahr spritzen müssen. Ich versuche, ohne Chemie auszukommen, aber wenn ich es mir lange genug angeguckt habe … Ich hoffe, dass es sich dann nach ein, zwei Jahren Sprühen wieder gegeben hat.

Die Gießkannen sind nicht nur zur Dekoration da, die kleineren werden auch benutzt. Im Beet dürfen sie nur so lange stehen, bis ich den Platz für eine Pflanze brauche.

Hier soll es noch anders werden, die Hainbuche wird enorm groß, vielleicht machen wir die mal weg und schieben einen Buchsbaum dahin. (Das muss ich Thomas noch schonend beibringen.) Das würde sich auch sehr positiv auf die Entwicklung der Hortensien auswirken. Vielleicht kann dann auch noch ein Rhododendron von ganz hinten hierhin umziehen. Das geht im Herbst

Sträucher und Gräser geben dieser Terrasse einen guten Sichtschutz.

»An der rechten Hauswand *wachsen* Gießkannen.«

noch Frauenmantel pflanzen, der ist trotz der Trockenheit sehr dankbar.

Der Schneeball stand ursprünglich auf der Seite zum Nachbarn, da hat er sich gar nicht wohl gefühlt, ich glaube, das war ein Windproblem. Er sah furchtbar aus und ich war erst skeptisch, weil ich dachte, es ist ihm hier vielleicht etwas zu schattig, aber er kommt mit dieser Stelle deutlich besser klar. Manchmal müssen die Pflanzen ja ein paar Mal umziehen, bevor sie sich wohlfühlen. Es gibt eine Handvoll, die sind von hier nach da, nach dort gewandert, entweder weil sie sich nicht wohlfühlten oder weil es mir einfach nicht gefiel, weil sie an der Stelle nicht schön waren.

Bei der Lampionblume muss ich ein bisschen aufpassen. Ich möchte nicht ganz darauf verzichten, aber sie bildet sehr viele Wurzelausläufer und sät sich aus. Für die Astern und die Phloxe dahinter reicht die Sonne erstaunlicherweise. Das hat den Charme, dass dieser Phlox eine ganze Weile später blüht als der in der Sonne.

Paul's Himalayan Musk wächst in den alten Apfelbaum und bekommt sonst keine weitere Stütze. Sie ist sehr dankbar, braucht keine Chemie. Leider haben wir sie am Anfang nicht geleitet, da war ein bisschen Wildwuchs. Ich habe das Gefühl, ab und zu etwas Schneiden tut der Pflanze doch gut, sie wird dann wieder vitaler und blüht mehr. Irgendwann sollte man also doch beherzt ein paar alte Triebe rausnehmen. Sonst wird es ein immenses Gewirr, da kommt man gar nicht mehr heran.

Hier, an dem kleinen Sitzplatz am Wald, hatten wir unseren alten Zaun provisorisch verbaut. Letztes Jahr kamen hier die Wildschweine durch, glücklicherweise nur ein paar Frischlinge, nicht die ganze Rotte. Aber die haben schon genug Schaden angerichtet und diverse Pflanzen ausgegraben. Hier ist es so dunkel und trocken, dass die Pflanzenauswahl sehr beschränkt ist. Farne fühlen sich wohl, auch der Zwerg-Salomonssiegel, und einige Funkien kommen, wenn sie einmal eingewachsen sind, erstaunlich gut zurecht.

besser als im Frühjahr, dann kommen schon Zwiebelblumen oder die ersten Stauden treiben aus. Wenn man im Herbst mal auf ein Blatt tritt, ist es nicht so schlimm, zieht ja sowieso bald alles ein.

Hier hinten finde ich die großen Buchsbäume super, das ist ein guter Abschluss. Sie sollen aber nicht zu breit werden, im Winter wird sonst die Gefahr von Schneebruch immer größer.

Es ist nicht ganz einfach, Deko-Objekte zu finden, die hierher passen, die meisten finde ich zu bunt und auffällig. Dazu kommt: Es soll ja auch einen gewissen Seltenheitswert haben.

Das Moos auf den Steinen wird von den Vögeln auf der Suche nach Nahrung oft abgezogen, wächst aber schnell wieder nach. Wo gar nichts wächst, kann man immer

Hortensien, Lilien und Anemonen vor dunklem Hintergrund

Unter den Bäumen, das ist die lauschigste Stelle im Garten. Auch wenn wir das in der Praxis nicht oft machen – man könnte hier sitzen, und ich mag den Platz sehr. Manchmal muss ich hier nacharbeiten, wenn wieder ein kleiner Maulwurf hochgekommen ist, aber sonst ist es ganz pflegeleicht. Gut, dass ich doch keine Baumscheiben verlegt habe, das wäre gar nicht so einfach gewesen: womit die Zwischenräume füllen? Und dann wird eine Baumscheibe an einem schattigen Standort schnell feucht und rutschig, aber noch schlimmer: Die Lücken sind ein hervorragender Aufenthaltsort für Schnecken aller Art. Kies ist hier auch heller und dass da ab und zu mal ein Blütenblatt liegt, stört mich nicht.

Da, wo jetzt der kleinere Teich ist, hatte ich zuerst eine Wiese geplant, umrahmt von Stauden. Ich hatte es mir sehr schön vorgestellt, aber als es dann fertig war, gefiel es mir überhaupt nicht. Dann hab ich eben den Rasen wieder entfernt, und Thomas konnte doch einen zweiten Teich bauen. Früher habe ich oft Pflanzen gekauft und mir erst hinterher überlegt, wo sie stehen können. Zumindest das mache ich heute nicht mehr (jedenfalls nicht mehr oft!). Es wird langsam eng, und ich sollte vor dem Kauf überlegen, ob und wo die Pflanze noch passt.

Früher hatte ich auch eine genaue Vorstellung, aus welchen Elementen ein Garten bestehen muss, darüber denke ich heute anders. Auch ein Garten ohne Rosen ist ein Garten. Außerdem brauche ich heute nicht mehr von jeder Pflanze jede Form und Farbe. Funkien liebe ich nach wie vor, aber ich muss nicht möglichst viele Sorten besitzen, nur des Besitzens willen. Trotzdem, wenn mein Vater Pflanzen aus Westdeutschland mitbringt, die er in seinem Garten nicht mehr unterbringen kann, dann findet sich dafür immer noch eine Stelle.

Schön: Waldrebe und Fingerhut

Blüte der Taglilie mit Ahornlaub

Der Türkische Mohn entfaltet sich.

Schade, dass der verfügbare Platz schon relativ ausgeschöpft ist. Für die zwei wunderschönen Hosta-Sorten, die ich vor einigen Tagen entdeckt habe, werde ich die Sträucher noch mal ein bisschen verändern. Vielleicht muss auch etwas weichen, das ich nicht mehr so schön finde.

Geplant haben wir eigentlich gar nichts, es hat sich im Lauf der Zeit einfach so ergeben. Es gibt Beete, die haben sich relativ schnell gestaltet, die waren ganz selbstverständlich, von Anfang an sehr in Ordnung, bei anderen dachte ich: nee, also das kann's jetzt beim besten Willen noch nicht sein.

Dann nehme ich alle Pflanzen wieder auf und gestalte es neu, bis ich finde: Ja, das gefällt mir jetzt tendenziell ganz gut. Ursprünglich hatte ich vor, die Beete am Wald als Farbrabatten zu gestalten, aber das ist genau wie mit der symmetrischen Bepflanzung, dafür bin ich einfach nicht konsequent genug, das habe ich mittlerweile eingesehen. Im Laufe der Jahre hat sich der Garten schon sehr verändert, weil sich ja auch Vorlieben verändern und man

dazulernt. Thomas war seiner Zeit weit voraus, als er mir schon vor Jahren ein Gräserbuch schenkte. Das fand ich zunächst nicht so richtig den Knaller, erst auf den zweiten Blick habe ich es zu schätzen gelernt. Ganz am Anfang habe ich, wie vermutlich fast jeder, Katzenminze gekauft und Rittersporn, also genau die richtigen Gewächse für einen schattenreichen Garten. Dann stellt man erst mal fest, dass das keine gute Idee war und entwickelt Sympathien für andere Pflanzen.

Zum Beispiel dieser Knöterich, den finde ich einfach sensationell. Aber ich weiß nicht, ob ich ihn schon so toll gefunden hätte, wenn ihn mir vor ein paar Jahren jemand empfohlen hätte.
Ja, und dann glaubt man, die richtigen Pflanzen zu haben und ein schönes Beet, und das ist dann vierzehn Tage lang attraktiv und wenn die Blüte vorbei ist, stellt man fest, dass man richtig unzufrieden ist. Vierzehn Tage ist ja insgesamt ein bisschen wenig. So ein Beet, in dem alles verblüht ist, das kann ja richtig wüst aussehen.

Die Gießkanne dekoriert das Beet nur so lange, bis der Platz für eine Pflanze benötigt wird.

Dann kommt man zu dem Schluss, dass manche Pflanzen diesen Garten doch wieder verlassen müssen, weil sie einfach nicht genug hergeben, nur zu kurz schön sind.

Grundsätzlich kann ich jeden verstehen, der einen Gartengestalter nimmt, aber für mich wäre das nichts, trotz all der Fehler, die ich gemacht habe (und sicherlich noch machen werde). Aber es hat doch auch Spaß gemacht, es war nicht einfach nur eine Ansammlung von Fehlschlägen, das sind Erfahrungen – was geht, was geht nicht, wie habe ich es mir vorgestellt und was ist dabei herausgekommen. Wenn ich es hätte gestalten lassen, hätte ich all das versäumt. Deshalb finde ich das »Gestalten-mit-einem-Wurf-und-dann-ist-alles-fertig« eigentlich ganz langweilig.

Außerdem ist das hier jetzt wirklich mein Garten. Ich stelle es mir schwierig vor, einen Gartengestalter zu finden, der meinen Garten entwirft und mir nicht einfach seine Vorstellungen aufdrücken will. Aber es möchte sicher nicht jeder so viel rumpusseln wie ich und gerade am Anfang so lange dafür brauchen.

Selbst ich wünsche mir manchmal: Fertig soll es ja gar nicht sein, aber etwas fertiger wäre schon schön. Als wir hier eingezogen sind, dachte ich, ja, wenn wir mit dem Haus so weit sind, noch ein, zwei Jahre, dann steht hier das Grundkonzept. Ha, ha! Da war ich noch so naiv! Jetzt sind wir im zwölften Jahr, und fertig ist anders. Dazu kommt natürlich: Ich bin berufstätig, wir haben auch noch andere Freizeitbeschäftigungen, und so soll es auch – bei aller Begeisterung für den Garten – bleiben. Ich möchte auch im Sommer in den Urlaub fahren, mal ein Wochenende woanders sein, in die alte Heimat, zum Oldtimer-Treffen, Leute sehen und im Garten nur sitzen, uns nicht zu einem Arbeitseinsatz verabreden. Insofern muss man dann Abstriche am Pflegezustand machen, ganz klar. Diese Gelassenheit muss man sich antrainieren, nicht immer auf die Stellen gucken, die einem nicht gefallen, sondern dahin, wo es gelungen ist.

Jürgen Dahl hat mal geschrieben, er habe ein Pflanzengrab, einen Eimer, in dem er die Schilder der Pflanzen sammelt, die es in seinem Garten nicht geschafft haben.

Zwischen Haus und Scheune erlaubt der Rosenbogen einen Blick auf den Pavillon.

In den Teichen hat sich ein biologisches Gleichgewicht entwickelt.

Da würde einiges zusammenkommen, und in Finanzen umgerechnet wäre das sicher erheblich. Es ist zwar schade, wenn eine Pflanze es nicht geschafft hat, aber es war eine Erfahrung; man hat für eine gewisse Zeit Freude an ihr gehabt, und das ist nicht nichts. Nur, für jemanden, der sofort einen fertigen Garten haben möchte und die Beschäftigung damit nicht als wunderbares Hobby empfindet, wäre es vermutlich ein Alptraum, hier jahrelang so zu experimentieren!

Was den Schnitt angeht, bin ich zwar mit den Jahren schon mutiger geworden, aber es fällt mir oft noch schwer, Sträucher zu kürzen, Äste oder Zweige wegzunehmen. Hinterher stellt sich dann eigentlich immer heraus, dass es der Pflanze und dem Garten gut getan hat und sich wieder neue Chancen eröffnen.

Jetzt im Herbst bedaure ich wieder, dass ich nicht im Frühjahr manche Sträucher beherzter beschnitten habe, dann wären sie jetzt besser in Form, daran muss ich noch arbeiten.

Thomas und ich, wir haben beide nicht gedacht, dass mir der Garten mal so viel Spaß machen würde. Ein schöner großer Garten war uns zwar schon immer wichtig, aber wir dachten, da entwerfen wir mal eben etwas Nettes, und das ist es dann. Das sich das Ganze so entwickeln würde, war zunächst nicht absehbar. Aber Thomas freut es, und er sagt, ich soll mal machen.

Thomas Wächters Teichanlage
Dass Wasser in den Garten gehört, war uns beiden von Anfang an klar. Das ist mein erster Teich, vorher hatte

ich nur ein Aquarium mit Molchen, Fröschen und so weiter. Das Hobby habe ich dann nur nach draußen verlagert. Die Teichgröße hing unter anderem davon ab, dass wir die Folie nicht kleben wollten. Wo heute der zweite Teich ist, hatte Karin eine kleine Rasenfläche angelegt. Aber die gefiel ihr nicht so gut, und so konnte ich den zweiten Teich bauen. Die beiden Teiche mit der Folie zu verbinden (die wir ja nun doch kleben mussten), ging dann erstaunlich einfach.

Eigentlich gibt es auch einen Bachlauf. Wasser wird vom kleinen Teich in den Bach gepumpt, läuft in den großen Teich und dann wieder in den kleinen. Das Problem ist aber, dass die Verbindung im Augenblick ziemlich zugewuchert ist. Wenn jetzt der Bachlauf betrieben wird, läuft nach einiger Zeit der große Teich über und der kleine leer. Das müssen wir mal wieder ein bisschen freischaufeln.

Es gibt eine Sumpfzone und viele Unterwasserpflanzen, besonders Krebsscheren. Sie sinken im Winter auf den Teichgrund, treiben im Sommer wieder nach oben und haben im Frühsommer kleine weiße Blüten. Außerdem kommt durch einen kleinen Sprudelstein etwas Sauerstoff ins Wasser, dadurch ist es schön klar. Ansonsten soll sich die Anlage selbst im Gleichgewicht halten, ich versuche, möglichst wenig einzugreifen.

Anfangs haben sich die Schwalben den Schlamm für ihre Nester aus der Sumpfzone geholt, aber schon nach einem Jahr war sie völlig zugewachsen. Das haben wir uns zu lange angeguckt, wir hätten früher eingreifen müssen. Die Erstausstattung an Pflanzen hat jemand aus der Nachbarschaft netterweise aus seinem Überschuss gespendet.

Der Randbereich besteht aus Steinen, die hier und da über das Wasser ragen. Am kleinen Teich ist das Ufer teilweise zu steil, da fallen die Steine manchmal runter. Deshalb hatten wir dort stellenweise bepflanzbare Jutetaschen angebracht, aber die haben die Füchse nachts immer wieder herausgeholt, genau wie sie unsere Gartenschuhe

Helles Ahornlaub als Hintergrund für die Akelei.

wegschleppen, wenn wir sie draußen liegen lassen. An den Stellen müssen wir vielleicht mal diese besandete Folie einsetzen.

Der Fischbesatz bestand lediglich aus zehn Stichlingen und einigen Elritzen, die sich selber versorgen müssen, Futter bekommen sie von mir nicht. Die Stichlinge haben sich im Lauf der Zeit gut vermehrt, es sind sicher schon mehr als hundert.

Alle anderen Tiere haben sich von selbst eingefunden – Frösche, Ringelnattern, Molche.

Öffnungszeiten

Die Öffnungszeiten dieses Gartens werden publiziert unter
www.urania-potsdam.de oder
www.offene-gaerten-berlin-umland.de

Außerdem ist es möglich, individuelle Termine zu vereinbaren unter konrath.waechter@t-online.de oder telefonisch unter 033 22-21 67 55.

Ein temporäres Kunstwerk

Alte und seltene Bäume, natürlich wirkende Gartenräume, romantische Szenen – im Garten der Flemings bei Potsdam Sanssouci scheint die Zeit stehen geblieben zu sein.

Auf dem Weg zum Garten der Flemings liegen Gebäude, die zum Schloss Sanssouci gehören: der alte Weinberg, das Krongut, die ehemals königlichen Gartenanlagen, die alte Försterei und Anlagen des Botanischen Gartens, die alten Bäume des Parks. In dieser Umgebung herrscht ein anderer Rhythmus, mehr Gelassenheit stellt sich ein ... und sobald man den Garten betritt, kommt man ganz zur Ruhe und folgt nur noch den eigenen Augen, die immer wieder etwas Neues entdecken. Der erste Eindruck: es ist schattig und frisch, ruhig, kontemplativ.

Die ursprünglichen Bewohner des circa 1899 gebauten Hauses waren Kossäten, also ärmere Bauern, die Obst, Gemüse und Spargel anbauten, um es im 30 Kilometer entfernten Berlin zu verkaufen. Die Bewohner des Hauses haben auch heute noch Kossäten-Rechte. Sie dürften ihr Vieh an den benachbarten Düsteren Teichen tränken und dort Weidenruten schneiden.

Ein neuer Anfang für Land und Leute

Evelyn und Christian Fleming kauften Haus und Grundstück 1977, als sich Familienzuwachs ankündigte und sie zufällig erfahren hatten, dass die damalige Eigentümerin lieber in Berlin leben wollte. Da der 3500 Quadratmeter große Garten völlig verwildert und das Haus in einem schlechten Zustand war, interessierte sich weiter niemand für die Immobilie. Auf dem Grundstück standen in ordentlichen Reihen alte Obstbäume, Beerensträucher, Spargel, es gab Nebengebäude für Schweine und Pferde, sogar eine kleine Kutscherstube mit Außentreppe und Ofen.

Viele der alte Sorten tragenden Obst- und Nussbäume wurden gerettet, sie stehen noch heute im Garten: die alten Kirschen, *Werdersche Frühe* (Pflaumen), die Judennuss, *Ananasapfel, Boskop, Goldpermäne ...*

Am Anfang gab es sogar noch zwei Schafe, Katja und Ossi (von Oskar). »Wir wollten ja auch alternativ sein.« Es stellte sich heraus, dass auch Schäfer gelernt sein will: »Wir hatten damals noch relativ viele Obstbäume und sie fraßen die Rinde weg. Außerdem war Ossi ein Bock, das war furchtbar, ohne Stock konnte man besser nicht in seine Nähe kommen. Immerhin haben wir für die Wolle pro Schaf 300 Mark bekommen, Ostmark!«

Auch andere Produkte des Grundstücks wurden weiter verkauft: Pflaumen, schwarze Johannisbeeren ... »Zu DDR-Zeiten gab es diese Aufkaufstellen, da brachte man die Ernte hin. Das war ein guter Zuverdienst. Wir hatten fünf riesige Walnussbäume, die Nüsse wurden auch als Füllmaterial in Paketen für die in West-Deutschland lebende Familie verwendet, besonders in der Weihnachtszeit.«

Beruflich beschäftigen sich Evelyn und Christian mit dem Gestalten. Evelyn töpferte, brannte und bemalte Schalen, Vasen, Gebrauchskeramik, Christian malte Bilder und schuf Skulpturen.

Gestaltungsprinzipien

Zunächst wurde das Haus bewohnbar gemacht. Dann fingen die Flemings an, über die Struktur des Gartens nachzudenken. Das Haus sollte der Mittelpunkt sein, aber nicht dominieren. Es sollte mit Wein und Pfaffenhütchen bewachsen sein und wie auf einer Lichtung stehen. An den Grundstücksgrenzen müsste man nicht unbedingt einen Zaun haben, aber doch einen Raum bilden, in dem man sich zwar geschützt fühlt, der aber auch immer wieder Durchblicke auf die Landschaft öffnet, Sichtachsen und -beziehungen schafft. Die Rabatten sollten sich vom

Die Flemings in ihrem Element: miteinander über den Garten reden.

Hohen ins Niedrige bewegen, also mit den Bäumen beginnen und mit Bodendeckern flach auslaufen. »Sie sind ein wesentliches Merkmal dieses Gartens und ersparen das Unkrautjäten! Besonders beliebt bei uns sind die immer- und wintergrünen Arten.«

Immergrün vermehrt sich stark durch Ausläufer und ist völlig unempfindlich. Schneidet man es im Frühjahr zurück, entsteht ein dichter, blau blühender Teppich. Vorsicht ist angebracht bei Stauden, die dem Wurzeldruck oft nicht standhalten können, während Gehölze völlig unproblematisch sind.

Golderdbeere ist ein gelb blühender, unverwüstlicher Bodendecker; die kriechende Art vermehrt sich rasend schnell. Dickmann hat eine attraktive Blattform, ist wuchsfreudig, blüht weiß und hat im Herbst weiße Beeren, während Haselwurz runde, dunkelgrün glänzende Blätter hat und besonders als Randbepflanzung zu empfehlen ist.

Steinsame fühlt sich im Schatten wohl und blüht intensiv blau. Storchenschnabel vermehrt sich sehr schnell und ist unempfindlich beim Umpflanzen.

Efeu kriecht und klettert und trägt im Alter schmückende Beeren. Manche Bäume werden im Laufe der Jahre regelrecht *bestrickt*.

»Wir haben damals ehrlich gesagt nicht gewusst, wie sich das entwickeln würde, dass zum Beispiel die Bäume so groß werden würden.« Evelyn ist im Harz aufgewachsen und liebt Wald und Lichtungen. »Du kommst vom Dunkeln ins Helle und siehst es schon von Weitem. Der Weg wird ganz eng und tut sich dann zu einem neuen Raum auf.«

Blick nach rechts auf die Terrasse. Hinter dem Stuhl befindet sich das Werkstatt-Fenster.

Die Fruchtstände des erwachsenen Efeus

Gartenmöbel – Gebrauchsgegenstände und Schmuck

Das wollte sie in ihrem Garten auch haben. Die wichtigsten Gestaltungsprinzipien waren: Gartenräume schaffen, viele immergrüne Pflanzen einsetzen, die Blattstrukturen wirken lassen, Sträucher und Stauden mit Bodendeckern unterpflanzen. Es sollte ein ganz ruhiger Garten werden, Blüten sollten nachrangig sein, nur das Blatt unterstützen.

»Rosen sollten bei uns gar nicht in den Garten kommen, die fanden wir spießig. Außerdem schlugen sich alle mit den Schädlingen herum. Wir sagten uns, wir machen hier unsere Blätter, und da haben wir gar keine Probleme.«

Räume sollten auch durch Modulierung des Bodens entstehen. »Die Theorie ist, dass man sich in einer leichten Senke wohler fühlt. Wir haben also den Boden vor der Bepflanzung um 20 bis 30 Zentimeter leicht erhöht, und das nimmt man nur im Unterbewusstsein wahr. Das haben wir nach und nach mit dem ganzen Garten gemacht, ihn praktisch durchgewühlt.«

»Und dann haben wir gehört, dass jemand Eiben verkauft. Die waren platt wie Flundern, weil sie so dicht gepflanzt

waren, aber immerhin einen Meter hoch. Sie haben so gut wie nichts gekostet, und wir haben eine riesige Menge gekauft. So sind die Grundstückseinfassung und die Räume aus Eiben und Koniferen entstanden. Damals waren wir so blauäugig – heute würden wir das nicht mehr so machen, obwohl die Eiben einen guten Hintergrund für helle Pflanzen abgeben.«

»Und man darf nicht vergessen – wir hatten diesen Nachbarn, den Dendrologen Hermann Göritz[1], der uns darin unterstützt hat, dass die Schwünge im Garten richtig sind, dass wir bei der Natur bleiben müssen, keine Wege anlegen sollen.«

Der Garten wird möbliert

Pflanzen bekam man damals mit Hilfe von Vitamin B. »Unsere Zahnärztin hatte Beziehungen und wusste, dass es irgendwo eine Glyzinie gab. Die hatte der Gärtner schon für irgendjemanden zurückgestellt, und als wir hinkamen, hieß es: ›Nein, haben wir nicht‹. Aber Evelyn hatte sie schon erspäht und überredete ihn, sie ihnen doch

Rose *Stadt Potsdam*, im Hintergrund eine hängende Zwerg-Zierkirsche

Wenn die Bäume noch nicht voll belaubt sind, kann man die Mauer deutlich erkennen.

zu verkaufen! Deshalb haben Pflanzen für uns eine ganz andere Wertigkeit. Wir haben sie mühsam erworben, jede Pflanze hat ihre eigene Geschichte.«

Es gab zwar Gärtnereien, in denen man Margeriten und Studentenblumen, auch Rittersporn und Phlox kaufen konnte, aber eben keine Besonderheiten. Heute ist die Sortenvielfalt enorm, es gibt viele Anbieter und Vertriebswege. »Das ufert ja richtig aus! Es ist schwierig, sich zu beschränken, konsequent zu sein, bei der eigenen Konzeption zu bleiben und nicht wie wild alles haben zu wollen. Es ist auch verführerisch und an manchen Stellen in unserem Garten sieht man das, da passt einiges nicht zusammen. So ist der Garten auch Ausdruck von Ambivalenzen und momentaner Begeisterung. Und dann stellt man fest, dass da etwas Unpassendes steht,

guckt lange hin, und irgendwann hat man es schöngeguckt oder sich daran gewöhnt – und dann stellt sich Zufriedenheit ein.«

Ein Gang durch den Garten

Am rechten Grundstücksrand führt ein befahrbarer Weg zum Haus, das versteckt im hinteren Bereich liegt, und zu den alten Stallungen am Ende des Grundstücks. Baumstämme und Sträucher erlauben schon Blicke in den Garten.

Der erste Einblick zeigt das Waldstück vorn, an dessen Ende man eine Lichtung mehr ahnt als sieht, und ganz hinten ein paar Blüten. Irgendwo in der Mitte schimmern einige helle Steine – eine Ruine? »Hier sollte eigentlich eine größere Mauer als Sichtblende entstehen, aber wir kommen nicht dazu, die Steine abzuholen, und jetzt ist es

Steinbank links vom Teich mit Anemonen, Begonien und Weihrauch

Die verschiedenen Wege machen neugierig: Wohin führen sie?

Lilienblütige Tulpen vor blühendem Immergrün

Der Engel ist umgeben von Anemonen und Rosen.

schon so schön bewachsen …« Im Frühling lenken weiße Tulpen im dunklen Efeu die Aufmerksamkeit auf diesen Teil des Gartens.

Weiter geht der Weg vorbei an Farnen, Immergrün, Storchenschnabel, Mahonien, Rhododendron, Bergenien (*Doppelgänger,* die Lieblingssorte der Flemings, weil sie im Frühjahr und im Herbst blüht), einer keramischen Säule, die hier wohl jemand vergessen hat, bis die nächste, hellere Sichtachse bestätigt, ja, da ist Rasen und dahinter – Stufen?

Die nächste Öffnung ist größer, lichter, und da sind eindeutig schon helle Rosen *(Sommerwind)* und eine niedrige Buchsbaumhecke zu sehen.

Hier könnte jetzt irgendwo links das Haus stehen, aber vorher biegt tatsächlich ein schmaler, gepflasterter Weg ab, es geht unter dem Wacholder durch – Kopf einziehen! Jetzt endlich ist man am Haus und sieht dahinter die Ter-

rasse. Vom Haus selbst ist eigentlich nicht viel zu sehen, weil sich Kletterpflanzen daran hochranken und rundherum so viele Beete angelegt sind. Auf der erhöhten Terrasse steht eine Pergola, in die sich Pfaffenhütchen und Blauregen winden; es gibt keinen Zaun, der den Blick auf den Garten verstellen könnte. Unterhalb der Terrasse befindet sich die Werkstatt mit dem Brennofen für die Keramikarbeiten.

Der Blick schweift weiter. Da geht hinter der Terrasse eine interessante Treppe hoch, verschiedene Bäume, ein Gras, dann schließt sich wohl wieder ein Weg an, ein Marmorengel, ein Buchsbaum – das kommt später, jetzt erst mal weiter nach links.

Da ist unter den Blättern des Trompetenbaums durch, auf einer Terrasse aus verschiedenen Pflastersteinen, ein steinerner Tisch zu sehen, neben der Rundung aus flachen Randsteinen Wasser, ein Gras, Schaublätter und darüber die großen Blätter einer Amerikanischen Magnolie.

Blick von der Terrasse in den sommerlichen Vorgarten

Die Augen haben sich gerade losgerissen, da bleiben sie schon wieder hängen: an einer Steinbank vor einem romantischen, verrosteten Gitter, dahinter eine riesige Eibe.

Man sieht schon, dass es dahinter weitergeht, aber links muss man erst noch die weiße Holzbank in Augenschein nehmen, »... auf der man aber nie sitzen kann, erstens weil die Ramblerrose es nicht zulässt und zweitens weil es bisher immer so war: Wir setzen uns hin, springen aber sofort wieder auf, weil genau in dem Moment eine Stelle ins Auge fällt, an der dringend gerupft oder eingegriffen werden muss. Deshalb werden wir die Rose umsetzen, sodass sie in einen Baum rambeln kann, und dann üben, an diesem Sitzplatz wirklich zu verweilen.«

Weiter geht's am Bewährungsbeet vorbei, dessen Buchsbaum-Umrandung wir schon vom Weg aus erspäht hatten. Ursprünglich als bäuerliches Gemüsebeet geplant, werden jetzt hinter die Hecken alle Pflanzen *strafversetzt,* die sich an ihrem ursprünglichen Standort nicht gut entwickelten oder gut gemeinte Geschenke, von denen man noch nicht so genau weiß, wo sie einmal landen werden. Wenn sie ihre Chance nutzen, bekommen sie irgendwann einen besseren Platz, wenn nicht, »müssen wir uns eben trennen« – aber das ist noch nie passiert, deshalb ist dieser Bereich der am wenigsten gestaltete des ganzen Gartens.

Sobald man um die Ecke biegt – und vielleicht von den vielen schönen Eindrücken bereits etwas geschafft ist – bietet sich auch schon der nächste Sitzplatz in Form einer Teakbank an, flankiert von *Annabelle.* Evelyn Fleming schneidet im Frühjahr nur die Blütenköpfe der Hortensie bis zum ersten Knospenpaar zurück, daher hat sie sehr viele und etwas kleinere Blütenköpfe.

Wir kommen zum Ende der Lichtung; hier endet der Rasen am Fuß zweier alter Obstbäume, die noch aus dem

Das *Bewährungsbeet* für *strafversetzte* Pflanzen

Kossätengarten stammen: ein roter *Boskop* und die Birne *Grauchen*. Rechts davon eine große Eibe, deren dunkle Kompaktheit von den hellen, leichten Zweigen einer Hängeweide umrahmt wird.

Wendet man den Kopf an dieser Stelle, scheint die Rasenfläche in einen Nadelwald überzugehen. Rechts und links der Hortensie ist der Boden mit Efeu bedeckt, der regelmäßig an der geschwungenen Rasenkante abgeschnitten wird, wodurch er sich zu einer dicken, für jedes Unkraut undurchdringlichen Matte entwickelt.

Jetzt steht man am Waldrand, an einer Weggabelung, und muss sich entscheiden. Wendet man sich nach rechts, kommt man direkt auf die lauschige Steinterrasse am Teich. Nach links führt dorthin ein Rundweg durch den Wald, vorbei an der Frühlingswiese, auf der im Frühjahr viel rot blühender Lerchensporn steht, gefolgt von Akelei.

»Lerchensporn ist so eine anständige Staude, wenn sie geblüht hat, zieht sie sich vollständig zurück.«
In diesem Bereich des Gartens wird kompostiert. »Weißt Du noch, da haben wir nach Jahren Muttis Brille wiedergefunden, und die trägt sie heute noch!« Hier sammelt Christian Fleming alte, skurrile Wurzeln und andere Ornamente, die ihren Platz im Garten (»... oder bei der Müllabfuhr«) noch nicht gefunden haben.

»Wir fanden, Wasser gehört in jeden Garten und haben den Folienteich angelegt, der wie ebenerdig wirken sollte. Da haben wir viele Lehren einstecken müssen, denn die Uferzone haut nicht überall hin, das Efeu lässt immer noch kahle Stellen, das Wasser sinkt ab und muss nachgefüllt werden.«

»Der Teich wurde relativ spät angelegt, da war der Raum vor der Terrasse schon so verplant, dass er dort, wo er

Rechts geht's hinauf zur Terrasse am Haus, geradeaus zum *Neuen Sitzplatz*.

eigentlich hingehört, nicht mehr passte. Jetzt ist er im Grunde zu weit vom Haus entfernt, aber durch den Sitzplatz ist hier doch wieder ein Raum entstanden. Am Wasser muss man sich aufhalten können, das ist ganz wichtig. Durch die Hemlocktanne sieht es jetzt aus wie ein kleiner Tümpel, eine verwunschene Stelle, schon fast raphaelitisch.«

»Die Amerikanische Magnolie ist ein komplizierter Baum, der nutzt im Winter den Schutz der Tanne. Besonders gut an diesem Platz gefallen uns die unterschiedlichen Strukturen der Steine und dann dieser Tisch dazu.«
Wenn man der Versuchung, weiter zum Teich zu gehen, widerstehen kann und sich an dieser Stelle umwendet, erscheint die nächste Lichtung mit vielen Schattenpflanzen und einigen violetten Blüten. Der alte Obstbaum links ist von Efeu umrankt. »Und jetzt muss man sich entscheiden: Willst Du Äpfel oder willst Du einen schön gestalteten Efeu-Baum?«

Dieses Rasenstück wird von der Phloxinsel abgeschlossen. Hier darf (eigentlich) nur Phlox stehen, am liebsten die schönen alten Sorten in den morbiden Farben, wie altrosa, dunkelviolett, die Evelyns Großmutter teilweise noch aus dem Harz mitgebracht hat.

Von der anderen Seite der Insel überragt ein bizarr geformter Essigbaum mit elegant gezahnten Blättern die Stauden und gibt im Sommer dem Rittersporn Halt, der durch seine Zweige hindurchwächst. Zwischen den vertikalen Akzenten des Grases und den horizontalen des Essigbaums vermittelt die Eibe.

Der Weg links um die Insel herum führt auf den kleinen *Neuen Sitzplatz*, rechts gelangt man zur Terrasse am Haus. Aus dem Haus kommend erreicht man die geräumige Terrasse durch die Küche. Sie bietet den Flemings, ihrer großen Familie und den vielen Freunden einen offenen und

Deko auf der Terrasse mit Fetter Henne, Süßkartoffel und Buntnessel

einen überdachten Sitzplatz. Auch hier finden sich natürlich Pflanzen: in Kübeln und in der Mitte, zwischen den Fliesen, eine besondere Rhododendron-Züchtung, die mit einer Bodendecke von nur achtzehn Zentimetern auskommt.

Über ein verrostetes, beranktes Eisengitter hinweg sieht man durch eine Blickachse auf den *Neuen Sitzplatz,* der natürlich so neu nicht mehr ist, aber man hat sich eben noch nicht vollständig an ihn gewöhnt. Hier wiederholt sich die Farbe des rostigen Eisens in einer Feuerstelle, einem weiteren Gitter und dem Windrad.

Die breite Steintreppe und den Weg davor hat Christian Fleming selbst gestaltet. Zwischen der eher kühlen, gradlinigen Ausstrahlung der Terrassenanlage und den fließenden Formen des Gartens vermitteln die aus Pflastersteinen und alten Holzbohlen kombinierten Treppenstufen.

Wieder im Vorgarten angekommen, entdecken wir am Treppenfuß ein neu bepflanztes Beet, das Evelyn Fleming getreu ihren Gestaltungsprinzipien angelegt hat.

»Wenn eine Pflanze den Solisten gibt, dann braucht sie die flächig angelegten Begleiter. Das gefällt mir. Und die Üppigkeit finde ich schön und das Verschnörkelte, so wie ich selbst auch bin. Das weißbunte Gras, dahinter die rosafarbene Rose, das ist Harmonie, bewegt sich zusammen im Wind, das ist der Sommer.«

Gartengedanken von Evelyn Fleming

»›Was der Mensch mit der Natur teilt, was er von ihr fordert oder auf sie überträgt, ersehnt und abweist, dies alles mag Lied oder Gedicht werden, Musik und Philosophie oder Mythos und Religion, aber innerhalb der sichtbaren Welt muss es früher oder später Garten werden.‹ Ein Zitat von Rudolf Borchardt (1877–1945).

Von der Terrasse sieht man die linke hintere Ecke des Gartens und den *Neuen Sitzplatz*.

Eigentlich ist es doch am schönsten, wenn nur die Blattstrukturen wirken und alles ganz ruhig ist, nur vielleicht eine Rose dazu, aber es darf nicht bunt werden.

Inzwischen ist der gewachsene, alte Baumbestand für den Garten ein Bonus, das kann ein neuer Garten einfach nicht bieten.

Im Prinzip haben wir jetzt geschafft, was wir wollten – diesen Garten mit der Harmonie, die wir erst über die Blattformen erreichen wollten und indem wir alles in Wellen gestaltet haben. So wie die Natur aus Wellen besteht und uns die Musik durch Wellen erreicht. Aber inzwischen ist die ordnende Hand gefragt. Am Anfang denkt man, die Natur ist total symbiotisch, aber dann kommt so ein Schmarotzer, und es herrscht Mord und Totschlag. Und Du musst doch jedem seinen Platz ermöglichen.

Heute möchte ich versuchen, mehrere Pflanzen, mindestens drei verschiedene, in eine Gruppe zu setzen und dann zu beobachten, wie sie zusammenwirken – zum Beispiel Mohn, dann vielleicht Gras und Iris. Von jeder nehme ich aber nicht nur eine, sondern gleich mehrere Exemplare, das wirkt flächiger. Bis jetzt habe ich das aber noch nicht geschafft, weil doch wieder etwas anderes dazwischenkommt oder eine Pflanze sich als Solitär bewährt hat.

Es ist ja auch ein Garten und kein Park, da gibt es Kompromisse, und manches haut nicht so hin. Es ist ein richtig gewachsener, noch wachsender, aber auch schon fertiger Garten. Ein erwachsener, aber sich noch stets entwickelnder Garten, der manchmal wieder Kinderschuhe bekommt. Dann kommt nämlich eine neue Pflanze, für die Du Platz schaffst, oder es hat sich irgendetwas nicht bewährt, und dann ordnest Du wieder um, natürlich den großen Rahmen beachtend. Also es lebt und hat immer noch die aktive Bewegung.

Sobald ich das Gartentor aufmache, bin ich in meiner

Das Gitter im Herbst

Oase, wird die Luft besser, bin ich zu Hause, da leg ich mich hin. Ich hab schon überlegt, später im Sarg möchte ich eine Wiese haben.«

Gartengedanken von Edith Doernbrack,
Evelyn Flemings Mutter:
»Unser Garten bedeutet für mich die Begeisterung für das Gestaltete, dass Räume entstehen, die einen immer wieder hineinziehen. Wie Evelyn und Christian es geschafft haben, nicht nur auf dem Boden unten zu gestalten, sondern immer die Verbindung nach oben zu schaffen und die Blicke dorthin zu lenken.

Überhaupt sind mir die Bäume sehr wichtig. Baumstämme mit ihrer unterschiedlichen Rindenstruktur verlangen förmlich nach Aufmerksamkeit. Mit beiden Händen den Stamm umfassen und sie hochführen, den Blick in die Krone schicken, empfinde ich als Energie vermittelndes

Geschenk. Ein Garten ist eben nicht nur lang und breit, sondern auch hoch!

Beispielsweise die Robinia hispida, sie ist im Mai/Juni mit rot blühenden Trauben übersät, besonders vor blauem Himmel eine Augenweide, man muss einfach hinaufschauen! Sie ist für diesen Garten etwas zu groß, kann aber gut geschnitten werden. Für kleine Gärten gibt es auch eine Stämmchenform.
Oder die Kornelkirsche neben dem rotlaubigen Haselstrauch, wenn sie im März blüht, noch ehe ihre Blätter da sind, harmonieren beide ausgezeichnet. Den nadelabwerfenden Mammutbaum mag ich am liebsten im Herbst, dann leuchtet er im warmen Gelb.

Mir ist wichtig, dass der Enthusiasmus und die Entdeckerfreude bleiben. Dass wir uns erinnern, von wem wir die Pflanzen bekommen haben und was man dabei gesprochen

Irgendwann kam doch Farbe in den Garten: gefüllte Tulpen.

Kugeldisteln und Rittersporn

hat. Zum Beispiel über den Gartenzaun hinweg gereicht von Göritz oder die Stauden meiner Mutter, die eine bestimmte gelbe Blume immer *Abendrot* genannt hat.«

Gartengedanken von Christian Fleming:

»Jedes Jahr sagen wir: Der Garten ist jetzt so, wie er sein sollte, er müsste jetzt eingefroren werden. Er nimmt ja jedes Jahr im Volumen zu, es potenziert sich. Desto mehr muss die goldene Axt rein, oder irgendwann wächst einem alles buchstäblich über den Kopf.

Vor vier Jahren haben wir einen Rundumschlag gemacht. Aber es lebt ja auch durch den alten Baumbestand; diesen Garten kann man sich ohne Bäume gar nicht denken.
Ein Garten ist ein temporäres Kunstwerk. Der beste Beweis ist der Garten von Göritz nebenan, der hat ja kein Leben mehr, seit die Person nicht mehr da ist. Und da müssen wir uns nichts vormachen, sobald Du tot bist oder es wegen eines schweren Unfalls nicht mehr machen kannst, das dauert zwei bis drei Jahre, dann holt die Natur

ihn sich ganz zurück. Und deshalb akzeptiere ich, dass der Mensch in dem Bereich, in den er eingreift, nur das schafft, was er eben schafft.
Wenn wir richtig viel Geld hätten oder im Lotto gewännen, würden wir vielleicht noch ein Grundstück dazukaufen und den nächsten Garten anlegen, keine Frage, aber ...«
Edith: »... und dann einen Gärtner nehmen ...«
Evelyn: »... auf gar keinen Fall! Gärtner machen alles falsch!«
Christian: »Und das ist ja auch gar nicht nötig. Wir machen das ja für uns persönlich, weil man die Freude hat, an dem, was fertig geworden ist ...«
Evelyn: »Nein, man macht es auch für die Leute, die es sehen wollen, das hat sich so entwickelt.«
Christian: »Irgendwann verquicken sich diese Probleme.«

Teamarbeit

Edith: »Göritz hat uns damals klargemacht, was Evelyn ist und was ich bin. Ich bin ein Schnippler und Evelyn

Blick von der Terrasse zum Teich

ein Schneider. Ich gehe mit der Nagelschere ran und bin ganz vorsichtig, und Evelyn ... – sie hat immer Recht!«

Evelyn: »Mir tut das ja auch leid, aber ich kann's nicht anders.«

Edith: »... und es zahlt sich ja auch aus ...«

Christian: »... und ich bin fürs ganz Grobe zuständig, Rasenmähen, Kettensäge, die großen Scheren.«

Evelyn: »... die Bäume hoch ...«

Edith: »Neulich, beim Straßenfest, sagte eine Nachbarin, sie habe nie vermutet, dass sich hinter unserer Hecke ein solcher Garten befindet. Und so hat es ja auch bei den Klostergärten angefangen, da war erst mal eine Mauer, hinter der Teile der Natur abgeschottet und geschützt wurden.«

Christian: »Das finde ich ja auch gut, dass man den Garten von außen nicht sehen kann, das war ja so gedacht.«

Evelyn: »Und das ist natürlich auch ein Produkt dieser früheren Politik ...«

Christian: »... auch die Kleingartenkultur hat die Leute beruhigt, und still gehalten ...«

Evelyn: »... und hinter der grünen Mauer konnte man machen, was man wollte.«

Edith: »Gärten sind aber immer ein Rückzugsgebiet gewesen, ein Refugium. Wie heißt noch mal der Spruch, dass der Garten der letzte Luxus ist, weil er am meisten das fordert, was am wenigsten vorhanden ist, nämlich Zeit, Raum und Zuwendung. Wenn man sich allerdings nicht mehr bücken kann ...«

Evelyn: »Jeder gelungene Garten hat einen Grundgedanken, den kann man von den Gärtnern nicht trennen. Jetzt müssen wir noch die Jugend rankriegen. Wir müssten es doch irgendwie schaffen, auch die Jungen zu begeistern.«

»Die Stauden werden dominiert von den Bäumen und Gehölzen und das Ganze unterstützt von den Objekten.«

Christian: »Mensch und Garten sind in einem Prozess des Werdens und Vergehens. Beide entwickeln sich gemeinsam. Die Natur gibt das Prinzip schon vor, und auch der Mensch verändert sich, seine Ansichten, seine Haltung, und sie gehen eine symbiotische Beziehung ein.«
Evelyn: »Wenn man das allerdings als Arbeit sieht, denkt man, der Garten schmarotzt, während doch beide profitieren.«
Christian: »Das Verhältnis, was man kultiviert und was der Natürlichkeit überlassen bleibt, da hat die Natur sowieso die größeren Kräfte. Aber manche Menschen schaffen es trotzdem, dass da ein Missverhältnis entsteht.
In Halle beim Designstudium hat man uns beigebracht, dass ein Designer alles in seiner Umgebung gestaltet, nicht nur das Produkt, auch das Leben, aber aus einer handwerklichen Tradition heraus, das haben sie uns mit auf den Weg gegeben. Daher kam das auch mit der Keramik, dem Irdenen, und den Garten gestalten ist ja genau so wie ein Produkt gestalten. Und das hat ja vielleicht auch eine gewisse Überheblichkeit.«
Evelyn: »Der Garten ist von uns Dreien nicht zu trennen, jeder gibt seinen Senf dazu.«

Öffnungszeiten
Die Öffnungszeiten dieses Gartens werden publiziert unter:
www.urania-potsdam.de oder
www.offene-gaerten-berlin-umland.de

1 Hermann Göritz (1902–1998)

Im Eiskeller

Von März bis Oktober widmet Marianne Lüdke fast ihre gesamte Zeit dem Garten am Rand von Berlin und erschafft dabei reine Schönheit.

»Angefangen hat es mit dem Pferd meiner Frau, das hier im Reitstall stand. Da haben wir uns 1975 kennen gelernt.« Hier, damit ist der Eiskeller gemeint, ein 51,6 Hektar großes Landschaftsschutzgebiet und Naturdenkmal. Im Winter gilt es als die kälteste Region Berlins. Zunächst war es eine Exklave West-Berlins in der DDR. Die Verbindung mit der Stadt war nur eine Straße breit[1]. Am Rand des Naturschutzgebietes befinden sich ca. 70 Parzellen, die bebaut und als Garten genutzt werden durften.

1981 kauften Marianne und Detlef Lüdke eines dieser Grundstücke, weil die tägliche Reise von der Stadtwohnung zu den Pferden zu zeitraubend wurde.
»Zunächst wollten wir nur ein Grundstück für einen Wohnwagen, um im Sommer am Wochenende hier draußen bleiben zu können. Den haben wir unter den Nussbaum gestellt, und das war eine schöne Zeit, bei schlechtem und bei gutem Wetter. Es war romantisch, es hat Spaß gemacht, und wir haben uns wohl gefühlt. Dann fing meine Frau an, so ’n bisschen im Garten rumzustochern. Ich hab den flächendeckenden Wildwuchs weggemacht, ein altes Fundament voll Schutt und Gerümpel ausgeräumt, ein provisorisches Dach draufgemacht mit Holzbalken und Dachpappe.
1980 war unsere Tochter zur Welt gekommen. Den ersten Winter ihres Lebens hat sie vorwiegend im Freien verbracht, im Kinderwagen, mit Wärmflasche, Lammfell drunter, Daunendecke drüber, Mützchen, Schal, bis zum Kinn zugedeckt. Irgendwann wollten wir ein kleines, winterfestes Haus, um hier wohnen zu können. 1989 haben wir gebaut, und am Tag der Bauabnahme fiel 50 Meter weiter die Mauer! Wir konnten auf einmal überall

hin! Grenzenlose Freiheit für Pferd und Reiter. Unsere Tochter war neun, hier gab es keine Laterne und nichts, aber sie hat sich sofort wohl gefühlt.«

Ein Gang durch den Garten (Teil 1)

Durch ein Tor in der Thujahecke betritt man den Garten. Der Vorgarten links vom Weg wirkt mit seinen vielen Grünschattierungen und Texturen sehr frisch und ruhig: gepflegter Rasen, ringsherum dichte Koniferen-Hecken und wintergrüne Sträucher vor dem braunen hölzernen *Tochterhaus,* das jetzt auch als Gästehaus dient.
Rechts vom Haus befindet sich eine kleine, mit Natursteinen gepflasterte Terrasse (»Damals hatten wir noch Geld!«) mit Bank, Gießkannen, Kübeln.

Sobald man vor das Haus auf die große Rasenfläche tritt und das Grundstück einsehen kann, wird der Blick von einer Schirmakazie gestoppt. Schirmakazie?
Tatsächlich handelt es sich um eine 40 Jahre alte Zierpflaume, die in Schirmform geschnitten wurde. Das wirkt besonders spektakulär, wenn der Baum blüht und voller Honig suchender Insekten ist. Er beschattet eine mit Beeten umgebene Terrasse hinter dem kleinen Teich, bewacht von einer bronzenen Reiher-Skulptur.

»Nach der Wende sind wir mit dem Fahrrad am ehemaligen Mauerstreifen entlanggefahren und haben Muschelschalen und faustgroße Steine eingesammelt, das war der Anfang unseres Teichs.«
An der linken Seite zwischen *Tochterhaus* und Hecke befindet sich eine Kombination aus Gletschersteinen und einer japanisch anmutenden, zum Groß-Bonsai geschnittenen Mädchenkiefer.

Marianne und Detlef Lüdke

Solange Tochter Susanne noch klein war, war ein Teich im Garten Tabu, und so baute sich Detlef Lüdke aus gesammelten kleinen Steinen und einem geschenkten Findling ein *Steinernes Meer.*

Hier geht die Hecke aus blauen Scheinzypressen über in eine Sichtschutzwand, die mit Berberitzen, Forsythien und Pfaffenhütchen bewachsen ist. Die Pflanzen in den Beeten wurden so kombiniert, dass von Frühjahr bis Herbst immer etwas blüht, am kleinen Teich unter der Schirmakazie beispielsweise fängt es an mit Schneeglöckchen und Narzissen, dann blühen die Iris, es folgen Rosen, rote und orange Taglilien, später viele Herbstzeitlose und Herbstanemonen.

Neben der Zierpflaume bilden weitere, eigenwillig geformte Nadelbäume eine imposante Silhouette vor dem brandenburgischen Himmel. In der Mitte des Rasens steht ein alter, von einer bepflanzten Baumscheibe umgebener Walnussbaum, in den eine Kletterhortensie wächst. Rechts vom Teich befindet sich das große Staudenbeet, eine große, halbrunde Rabatte, die zwar auch im Frühjahr, unter anderem wegen der Krokusse und Lenzrosen, attraktiv ist, ihren Höhepunkt aber im Sommer erreicht. Dann blühen Phlox, Sonnenhüten, Taglilien. Und im Herbst begeistert es noch einmal mit seinen Astern.
Hinter den Frühjahrsblühern kann man die immergrüne Hecke noch sehen, aber im Laufe des Jahres werden die Stauden und Sträucher immer höher und dichter.

Die Zweifarbigkeit der Kugel am linken Beetrand ist durch Zufall entstanden – eine rote Berberitze und eine Forsythie wuchsen ineinander. Jetzt entsteht durch Schnitt daraus ein Ying-Yang-Strauch. Die chinesischen Symbole sollen sich in der Kugel vereinen. »In diesem Herbst finde ich das Beet allerdings zu blaulastig, einige

Die *Schirmakazie* beschattet Terrasse und Teich.

Immergrüne Formgehölze sind im Sommer ein guter Hintergrund für die blühenden Stauden.

Der Rasenpfad zwischen den Beeten führt in den nächsten Gartensaal.

der Pflanzen müssen durch rot- und rosafarbene ersetzt werden.«

Am rechten Rand des Grundstücks befindet sich ein weiteres großes, gemischtes Beet vor der Hecke, in dem ursprünglich der Eisenhut dominieren sollte, dem aber die Erde zu mager war.

Dahinter, ganz rechts vor der kleinen Terrasse, schließt ein schmales Beet mit Azaleen, teilweise beschattet von den beiden alten Obstbäumen (Pflaume und Apfel), den Panoramablick ab.

Zwischen den Stauden stehen in unregelmäßigen Abständen immergrüne Formgehölze, die vor allem im Winter Struktur geben sollen.

Würde man diesen Garten mit einem Schauspiel vergleichen, dann wäre jetzt der erste Akt vorbei. Entdeckt man aber den Durchgang in der Hecke zwischen den beiden Staudenbeeten, kann der zweite Akt beginnen.

Ein Gang durch den Garten (Teil 2)

2001 konnten die Lüdkes angrenzendes, frei werdendes Land erwerben.

Die Mitte des Gartensaals, den man nun betritt, liegt etwa anderthalb Meter tiefer und so wirken die mit Rhododendron und Farnen umgebene Quelle und der leicht abschüssige Bachlauf ganz natürlich.

»Nach der Wende konnte man von den Bauern in Brandenburg noch Steine bekommen. Daraus ist der Bachlauf entstanden. Um die Steine transportieren zu können, hat meine Frau ein Netz aus Kunststoffschnur gehäkelt, so konnten sie uns nicht mehr aus der Hand rutschen. 80 bis 90 Kilogramm hält das Netz aus, und man hat einen guten Griff. Einen ganz schweren Stein haben wir mit einer Art Hühnerleiter ins Auto gewuchtet.«

»Ich mag auch Laternen aus Stein. Unsere hab ich zufällig entdeckt, jetzt weisen sie schon etwas Patina auf, und wenn ich Lust habe, stelle ich abends ein Teelicht rein.«

Nachts setzen Kerzen in den Steinlaternen Lichtakzente.

Der Bach mündet in den großen Teich, den eine schlichte Steinbrücke überquert. »Und ich bin mächtig stolz, den Stein gefunden zu haben, der genau auf die Brücke passt!«

In diesem Teich gibt es Fische und Frösche: »Die finden wir wunderbar, wir laben uns am Quaken der Frösche. Als unsere Tochter noch hier wohnte, konnte sie nicht schlafen und drohte, die Frösche einzusammeln und im Kanal auszusetzen. Heute, zehn Jahre später, freut sie sich, sie nachts zu hören. Wenn die nicht quaken, dann stimmt was nicht, dann sind wir unglücklich.«
Der Teich ist mit vielen kleinblütigen und transparenten Stauden umgeben, wodurch er manchmal wie verschleiert wirkt.
Auch dieser Teil des Gartens ist optisch geschlossen, durch Hecken und das gut hinter den Gewächsen verbor-

gene Haus, in dem die Lüdkes wohnen. Von der flachen Mitte aus steigen zwei Seiten des Grundstücks sanft an, die dritte, zum Haus hin, ist steiler und wurde mit Stufen aus alten Bordsteinkanten aus Granit abgefangen.

Wieder gibt es einen Blickfang: Die transparente Konstruktion eines Pavillons überragt – dank des farblichen Kontrasts zwischen dem feuerverzinkten, hellen Metall und dem dunklen Laub der Blutpflaume im Hintergrund – deutlich sichtbar die Pflanzen.

Seine Struktur gibt den Augen einen willkommenen Halt, denn in diesem Garten gibt es keinen Rasen, und die starre Form des Pavillons glättet optisch die Wogen der Gewächse. Hier stehen viele die Sonne liebende Stauden wie Taglilien, Pfingstrosen, Türkischer Mohn,

Quelle und Bauchlauf wirken ganz natürlich.

Blick von der Hängeweide aus. Hinter dem Rosenbogen steht das Wohnhaus.

Türkischer Mohn *Marlene*

Roter Sonnenhut und Rittersporn

Phlox, Lenzrosen. Nur unter dem Kugelahorn finden sich Schattenpflanzen. Sowohl vom Haus aus als auch von der Bank unter der Hängeweide hat man einen guten Blick auf die Anlage.

Die Hängeweide, die am linken Rand des Grundstücks genau gegenüber dem Haus steht und mit diesem durch einen Weg verbunden ist, bildet einen weiteren prägnanten Anziehungspunkt.

Im Sommer blickt man vom Haus aus durch den mit *Constanze Spry* bewachsenen Rosenbogen auf den Baum.

In den Beeten finden sich fast ausschließlich Stauden. Auswahlkriterium war lediglich, wie schattig oder sonnig der Standort ist. Die schwungvollen Wege bestehen aus Holzschnitzeln, die alle drei Jahre erneuert werden müssen.

Am Grundstücksrand zur Straße hin wurde vor drei Jahren ein weiterer Holzschuppen errichtet, der als Garage dienen sollte. Leider passt aber das Auto nicht hinein, denn im Winter brauchen die Kübelpflanzen den Platz,

und im Sommer ist die Hütte, wenn es zu kalt oder zu nass ist, um draußen zu sitzen, ein Esszimmer im Garten.

Da man den Garten rechts hinter dem Pavillon vom Haus aus besonders gut sieht, gibt es hier viele grün bleibende Gehölze, die auch im Winter attraktiv sind.

Spätestens jetzt drängt sich die Frage auf: Wie viele Gärtner arbeiten hier? Seit Detlef Lüdke gesundheitlich nicht mehr zu 100 Prozent belastbar ist und nur noch gelegentlich den Rasen mäht, nimmt Marianne Lüdke ein paar Stunden wöchentlich die Hilfe einer Dame in Anspruch, die sie bei den täglichen Pflegearbeiten unterstützt, und bestellt einen Gärtner, wenn die Hecken und die Zierpflaume getrimmt werden müssen.

Sonst macht sie alles selbst. »Ich brauche einfach viel körperliche Bewegung. Früher habe ich die beim Reiten bekommen, heute im Garten. Außerdem, bevor ich anderen etwas erkläre, habe ich es meist schon selbst gemacht, und dann ist es auch genau so, wie ich es haben will.« Und so

Im Juli und bis zu den ersten Frösten blüht die Rose *Aspirin*.

kann man sie in den kälteren Monaten mit Ski-Kleidung im Garten antreffen, und wenn Detlef Lüdke im Sommer das Frühstück bereitet, war seine Frau schon ein paar Stunden draußen aktiv.

Detlef Lüdkes liebster Platz im Garten ist eine Terrasse am Haus, der er mit Kübelpflanzen und Kräutertöpfen ein mediterranes Flair gegeben hat. Hier stehen auch, auf der Südseite unter dem Dach und geschützt vom Regen, die Tomaten. »Wenn's nachts kühl wird, hänge ich ein Vlies drüber.«

Wenn jemand so viel Energie hat wie Marianne Lüdke, warum soll sie es dann bei nur zwei Gärten belassen?

Ein Gang durch den Garten (Teil 3)

Stamm und Zweige der Hängeweide verdecken beinahe den Durchgang zum erst vor zwei Jahren entstandenen Rosengarten. 1200 kleine Buchsbäume bilden die Einfassung der symmetrischen Beete, in denen die klassische

Kombination von Stamm- und Beetrosen mit Rittersporn blüht, ergänzt durch Obelisken mit Clematis.

An den Außenrändern der Anlage befinden sich Staudenrabatten, dazu Bänke, um die Schönheit in aller Ruhe genießen zu können.

Auf der linken Seite, abgetrennt durch Spaliere, sind ein Arbeitstisch und die Kompostanlage, wendet man sich nach rechts, könnte man den Garten wieder verlassen.

Kompost

Ein Grund, warum sich die Pflanzen hier so sichtbar wohl fühlen, ist die konsequente Kompostierung aller Gartenabfälle. Marianne Lüdke sammelt und schreddert alles, was sie abschneidet und weicht es zunächst in einem Bottich ein. Dann lässt sie das Wasser abtropfen und baut aus dem Material eine circa einen Meter breite,

Der Rosengarten ist vor zwei Jahren entstanden. Hinter dem Spalier ist der Arbeitsbereich.

Buntmargerite vor hellblauer Iris

Schmetterlingsstrauch mit Gast

120 Zentimeter hohe und vier bis fünf Meter lange Miete, die sie vollständig mit schwarzer Plastikfolie abdeckt. »Auf den Komposthaufen meiner Frau kann man drei Tage nach dem Ansetzen Spiegeleier backen!«

Durch die Feuchtigkeit und die Hitze, die sich unter den Folien entwickeln, ist der im Frühjahr angesetzte Kompost schon im Herbst reif, ohne jemals umgesetzt worden zu sein, und weil die Pflanzen gehäckselt wurden, erübrigt sich auch das Sieben des Komposts. Im Herbst gebaute Mieten benötigen etwas länger.

Unkraut wird nicht aussortiert, sondern ebenfalls durch die Hitze unschädlich gemacht, und die Folie verhindert, dass sich neue Unkrautsamen auf dem Kompost festsetzen können. Zur Zeit gibt es acht Mieten, eine davon aus den Abfällen von Koniferen, deren saurer Kompost für Hortensien, Rhododendren etc. verwendet wird.

Und wenn man dann den Garten verlassen will, kommt Frau Lüdke und vergewissert sich: »Haben Sie denn schon meinen Anzuchtgarten gesehen?«

Ein Gang durch den Garten (Teil 4)

Wie es der Zufall wollte, wurde vor drei Jahren ein weiteres Grundstück zum Kauf angeboten. Da es nicht unmittelbar an den vorhandenen Garten grenzt, ist hier der Anzucht- und Pflückgarten entstanden. »Und warum soll im Anzuchtgarten alles in Reih und Glied stehen? Warum kann er nicht auch attraktiv aussehen?«

Das Zentrum des Grundstücks bildet ein Oval, in dem zwar hauptsächlich Iris stehen, aber natürlich gibt es hier auch Zwiebelblumen und weitere Frühjahrs- und Sommerblüher. Die Wege bestehen aus wasserdurchlässigem Wurzeltuch, das mit geschreddertem Gartenmaterial bedeckt wurde. Leider hält diese Mulchschicht nicht so lange wie die Holzschnitzel-Wege in den anderen Gartenteilen.

Iris im Anzuchtgarten

Auch im Herbst ist der Anzuchtgarten noch sehenswert.

An den Grundstücksrändern wachsen Himbeeren, Brombeeren, Johannisbeeren, Stachelbeeren, Heidelbeeren, aber auch Zucchini und Kürbisse. (Auch in den anderen Gärten steht Obst, aus den Kornelkirschen wird Marmelade gemacht, die Quitten schmecken besonders gut im Yoghurt, es gibt Äpfel, Pflaumen, Birnen, Kiwi, Felsenbirne. Kräuter stehen überall in den Beeten zwischen den anderen Pflanzen.) Hier entwickeln sich Sämlinge, bis sie groß genug sind für die Staudenbeete, wird gesät und werden neue Varietäten getestet.

An der hinteren Grundstücksgrenze ist der Zaun transparent, und man kann in die Weite des Eiskellers blicken.

Leben mit Pflanzen

»Die Liebe zu den Pflanzen und die botanischen Kenntnisse haben sich so langsam entwickelt. Wir waren beide überhaupt nicht vorbelastet. Unsere Eltern hatten kleine Gemüsegärten, aber die haben uns nicht so interessiert.« Auch in ihrem eigenen Garten fingen die Lüdkes mit Gemüsebeeten an. Die Ernte war aber immer zu groß, das meiste haben sie verschenkt. Inzwischen wurde der Gemüseanbau stark eingeschränkt.

Einen Teil ihrer botanischen Kenntnisse und viele, auch seltene Pflanzen hat Marianne Lüdke der Gesellschaft der Staudenfreunde (GdS) zu verdanken, deren aktives Mitglied sie ist. »Meine Gartenfreunde haben mich

Rhapsodie in Violett

immer mit Rat und Tat unterstützt, sonst wäre das alles gar nicht zu schaffen gewesen!«

Mit dem Garten scheinen auch die Ansprüche an ihn gewachsen zu sein. Während sie die große Taxushecke vor vielen Jahren noch aus Sämlingen gezogen hat, wurden für die neue Abgrenzung zum Rosengarten hin Pflanzen gekauft, die bereits groß waren: »Das musste unbedingt sofort abgetrennt werden.«

In den Sommermonaten besuchen die Lüdkes manchmal andere Gärten in Deutschland. Eine Reise nach England blieb bis jetzt ein Traum – schließlich müssen sie sich um ihren eigenen Garten kümmern.

Im letzten Winter hat Marianne Lüdke Sitzkissen für den Garten genäht und ist einem weiteren Hobby nachgegangen, der Herstellung von Schmuck. Und Detlef Lüdke wollte in der Garage Gartenmöbel streichen, das ging aber nicht, weil dort eben schon die Kübelpflanzen standen.

Öffnungszeiten

Für diesen Garten können individuelle Termine telefonisch unter 030-375 29 83 vereinbart werden.

Von März bis Oktober finden Führungen statt, bei denen Interessierte viel über die zum jeweiligen Zeitpunkt blühenden Pflanzen erfahren können.

1 Wikipedia

Berliner Berge

Zwischen dreistöckigen Mietshäusern, mitten in Berlin-Lichterfelde,
genießen Gisela und Jörg Stellmacher ihre Sammlung alpiner Pflanzen und anderer Raritäten.

Berliner Berge

1865 erwarb Johann Anton Wilhelm von Carstenn die Rittergüter Lichterfelde und Giesensdorf, die damals noch außerhalb von Berlin lagen. Er entwickelte hier eine repräsentative Gartenstadt mit dem ältesten Villenviertel Berlins, erschlossen durch die 1868 und 1872 erbauten Bahnhöfe Lichterfelde-Ost und -West. Seine städtebaulichen Leistungen gelten noch heute als beispielhaft. Unter anderem legte er fest, dass die Häuser nicht direkt an der Straße stehen dürfen, dass zwischen Haus und Bürgersteig ein Vorgarten anzulegen ist. Lichterfelde wurde 1920 von Berlin eingemeindet, hat aber bis heute durch schmale, mit Kopfstein gepflasterte Straßen und den alten Baumbestand seine besondere Atmosphäre erhalten können.

Erwerb des Grundstücks, Anlage des Gartens

In West-Berlin war die Wohnungsnot vor der Wiedervereinigung sehr groß, andererseits gab es nicht wenige alte Damen, die zur Aufbesserung ihrer Rente Zimmer untervermieteten. Auch Gisela und Jörg Stellmacher, beide Pädagogen, wohnten drei Jahre in zwei Zimmern des Gründerzeithauses zur Untermiete. Die Eigentümerin war eine ältere, alleinstehende Dame, die ihr Haus 1970 gegen eine Leibrente verkaufen wollte. Nach einer Woche reiflicher Überlegung kamen Stellmachers zum Ergebnis: »Wir kaufen das Haus.« Heute betrachten sie diese Wendung in ihrem Leben als Glückstreffer, aber zunächst kam eine Menge zusätzlicher Arbeit auf sie zu. Der verwilderte Obstgarten bestand hauptsächlich aus meterhohen Beerensträuchern und Birnen-, Apfel- und Pflaumenbäumen. »Zur Erntezeit war es geradezu lebensgefährlich, den Garten zu betreten.« 1970 wurde zunächst alles gerodet und ein »guter deutscher« Familiengarten angelegt – außen herum eine Hecke von serbischen Fichten, innen Rasen, auf dem die Kinder tobten, Kaninchen und Meerschweinchen herumliefen, Tischtennis gespielt und gegrillt wurde. »Das fanden wir alle ganz toll.« Drei große Obstbäume und ein Haselnussstrauch blieben als Schattenspender und zur Freude der Eichhörnchen stehen.

Es stellte sich heraus, dass bei starken Regenfällen das Wasser hinter dem Haus in den Keller zu laufen drohte. Also wurde ein Graben gezogen, um es abzuleiten, und dahinter eine kleine, etwa 60 Zentimeter hohe Mauer errichtet. Die ersten Steine stammten von einem Freund, auf dessen Hanggrundstück sie ihn beim Rasenmähen störten. Ein Teil des Rasens hinter der Mauer wurde geopfert und mit Bauschutt als Untergrund für einen kleinen Steingarten aufgefüllt. Bauschutt gab es damals in Berlin noch überall, dieser hatte hinten im Garten gelegen. Darauf wurde erst Erde aufgebracht, nach und nach kamen Kalksteine hinzu. »Die Steine haben wir überall gesucht, wo etwas preisgünstig zu haben war. Es gab eine Splittmühle in Lichterfelde, da wurden Steine und Beton klein gemahlen. Hin und wieder hatten sie Kalksteine von einer abgerissenen Mauer, die hat der Platzmeister für mich beiseitegelegt, und wir haben sie preisgünstig bekommen. Mit dem Auto des Nachbarn konnten wir immer maximal fünf bis sechs Steine gleichzeitig hierher transportieren.«

Im Laufe der Jahre wurden weitere Teile des Rasens abgestochen und aufgeschüttet, bis nur noch ein Sitzplatz im hinteren Teil des Gartens übrig blieb. Als irgendwann vor etwa zwanzig Jahren der Rasenmäher

Jörg Stellmacher zwischen Waldrebe und Wiesenraute

defekt war, wurde gepflastert. »Ich hätte dort gerne eine Orchideen-Wiese angelegt, aber meine Frau wollte das nicht, sie hat darauf bestanden, dass es ein Sitzplatz bleibt.« Da diese Terrasse auf dem ursprünglichen Niveau geblieben ist, liegt sie heute einige Stufen unterhalb des restlichen Gartens.

Gisela Stellmacher hätte gerne die hohen Prachtstauden wie Rittersporn, Phlox, Mädchenauge und Sonnenhut behalten, an denen sie sich viele Jahre erfreut hatte. »Aber Laub- und Nadelgehölze sind viel zu schnell höher und dichter geworden, so dass für meine Großen kaum noch Platz und Sonne geblieben ist.« Seitdem werden um den Sitzplatz herum Kübel mit immer wieder anderen, üppig wachsenden Sommerblumen bepflanzt.

Jörg Stellmacher findet hohe Stauden und Einjährige zwar auch schön, aber sie machen ihm zu viel Arbeit. Außerdem hat er sich immer schon für Steingärten interessiert, auch wenn er am Anfang keine genaue Vorstellung davon hatte, wie es werden sollte.

Gang durch den Garten
Im Vorgarten blühen Zwiebelblumen, Akelei und Rhododendren, sonst nichts. Im Mai und Juni glüht er förmlich, für den Rest des Jahres ist er ruhig – und sehr pflegeleicht. Ein mit Rindenmulch belegter und mit krummen Ästen abgegrenzter Weg führt hindurch.

An den Hauswänden stehen Tröge, die bei Händlern von historischen Bauelementen erhältlich sind. Sie sind mit

Der Vorgarten in Bestform

Alle alpinen Pflanzen stehen in Schotter.

Der Graben, mit dem alles anfing.

kleinen Steingartenpflanzen bepflanzt. Abhängig davon, wie viel oder wenig Feuchtigkeit die Pflanzen brauchen, wurden Löcher in die Tröge gebohrt. Im Beet links vom Weg finden Pflanzen einen Platz, die sich als zu groß oder zu wüchsig für den Steingarten erwiesen haben.

Der Garten hinter dem Haus ist etwa 600 Quadratmeter groß, die höchste Erhebung etwa zwei Meter hoch. Er wird von zwei Wohnhäusern eingeschlossen, hohen Bäumen und einer Remise, die früher Pferde beherbergte und heute als Schuppen dient.

Durch die Verwendung von ausschließlich natürlichem Material wie Holzstämmen oder alten Wurzeln zur Begrenzung der Wege und als Geländer entsteht die Illusion, sich in einer Gebirgslandschaft zu befinden. Die großen Bäume auf den Nachbargrundstücken verstärken diesen Eindruck und isolieren den Hintergarten weiter von seiner Umgebung, so dass er hier erstaunlicherweise nicht wie ein Fremdkörper wirkt.

Material

Die dekorativen Kalksteine stammen zu einem großen Teil aus dem Elm, einem Mittelgebirgszug südöstlich von Braunschweig, etwa 200 Kilometer von Berlin entfernt. Zu Zeiten der Mauer betrachteten die Westberliner diese Gegend als Naherholungsgebiet und fuhren am Wochenende dort hin, um beispielsweise Spargel zu essen.

Die Stellmachers kannten auf dem Rückweg ein Feld, an dessen Rand der Bauer immer wieder Steine abkippte, oft durch Erosion abgesprungene, schroffe Kalkplatten.

Die Uckermark, etwa 80 Kilometer nordöstlich von Berlin, ist eine Endmoränenlandschaft, in der man runde, glatte Gletschersteine aus Granit findet. Eigentlich benötigt der Garten keine weiteren Steine, aber ein typischer Sammler kann sie nun mal nicht liegen lassen, und so warten in der *Betriebshof* genannten Arbeitsecke direkt hinter dem Haus noch einige darauf, platziert zu werden.

Steinbrech und ein Farn, der sich über Sporen stark vermehrt.

Steingartenpflanzen

Jörg Stellmacher sammelt heute Alpen- und Steingarten-pflanzen aus der ganzen Welt. Aus Büchern kannte er zwar die Vielfalt der alpinen Pflanzen, aber vor 1990 gab es in West-Berlin nur das Standardsortiment und keine Gärtnerei, die sich eingehender damit beschäftigte.
Bei einem Urlaub in Süddeutschland ergatterte er seine ersten Steinbrech-Raritäten.

Nach und nach kamen andere Fundorte hinzu: »Da war die Gärtnerei von Karl Marx in Pettstad, dort war ein Beet von zehn mal zwei Metern, voll mit 6er-Töpfchen blühender Steinbrecharten. Das war so bunt, es schmerzte schon beinahe in den Augen. Ich habe mir herausgesucht, was ich haben wollte. Sie waren nummeriert, ich habe mir die Nummern aufgeschrieben, zwei schwarze Kisten vollgeladen und bin zum Gärtner gegangen, um ihn um die Namen der Pflanzen zu bitten. ›Tja‹, sagte er, ›die hätte ich auch sehr gerne. Seit

zwei Jahren ist meine Pflanzenliste verschwunden.‹« Natürlich kamen trotzdem alle Pflanzen in den Berliner Garten, und ein paar davon sind heute noch da.

Die Gärtnerei Wauschkun bei Hannoversch Münden im Weserbergland hatte eine eigene Steingartenanlage. Nach speziellen Pflanzen gefragt, holte die Bedienung doch lieber den Chef, und der nahm sich viel Zeit, machte eine Führung, man trank zusammen Kaffee und einige Pflanzen wechselten den Besitzer.

Nach der Wende war Jörg Stellmachers erster Weg zur Staudengärtnerei Karl Foerster[1] in Potsdam. »Ich hatte sein Buch *Der Steingarten der sieben Jahreszeiten*[2] gelesen, und da standen tolle Sachen drin. Was ich dann dort sah, hat mich sehr enttäuscht, die hatten gar nichts. Aber nach und nach lernte ich in den neuen Bundesländern Menschen kennen, die Steingartenpflanzen sammelten, züchteten oder tauschten.«

Christrose und Italienischer Aronstab

Gefüllte Christrose mit gesprenkelten Blüten

So lernte er beispielsweise Andreas Händel kennen, einen Spezialisten für Leberblümchen, der verwies ihn an eine Familie im Erzgebirge. Dort erfuhr er, dass in Chemnitz im Frühjahr und Herbst ein Pflanzenbasar stattfindet. »Da hatte ich ein etwas peinliches Erlebnis. Zwei sehr alte Herren unterhielten sich über die Preise der Pflanzen und dass sich ja jeder nur eine leisten könne. Dann beschlossen sie, zwei verschiedene zu kaufen und diese noch einmal zu teilen. Und dann kam ich als Wessi und kaufte jeweils drei von einer Art.«

Alpine Pflanzen
Auf dem Chemnitzer Basar lernte er Gerd Stopp kennen, einen Spezialisten für alpine Pflanzen. »Wir sind gleich zu seinem Grundstück gefahren, und was der an alpinen Pflanzen hat, das ist ein Traum! Seitdem treffen wir uns manchmal auf Pflanzenbörsen, und ich besuche ihn regelmäßig.
In der ehemaligen DDR gab es wirklich tolle private alpine

Anlagen, was die da hinter ihren Häusern machten, und nur für sich! Jeder empfahl mir dann mindestens eine weitere Adresse, und auf diese Art habe ich nicht nur viele Anregungen bekommen, sondern auch neue Freundschaften geschlossen und Pflanzen bekommen, die keine Gärtnerei zu bieten hatte.«

Auch heute gibt es nur ganz wenige Spezialisten für alpine Pflanzen, aber über das Internet sind sie leichter zu finden.

Das winterharte Alpenveilchen darf in diesem Garten natürlich nicht fehlen. Entscheidend für die Auswahl ist aber nicht die Farbe der sehr frühen Blüte. Blattfärbung und -maserung sind ausschlaggebend. Das Laub kommt schon im April aus der Erde und bleibt im ganzen Winter dekorativ.

Man fragt sich natürlich, wie Pflanzen aus hohen Bergregionen mit dem Berliner Landklima zurechtkommen. Um

Die Frauenschuh-Orchidee *Gisela* steht schon zwölf Jahre an dieser Stelle.

Die Blätter haben sich entfaltet.

Hexenbesen

ihnen gute Bedingungen zu bieten, muss der Boden vorbereitet werden, sie brauchen sehr durchlässigen Kalkboden. In den regenarmen Monaten sollte man regelmäßig wässern, am besten morgens, weil sie in ihrer ursprünglichen Umgebung an Frühtau gewöhnt sind. Ideal wäre, sie zu übersprühen und den Untergrund zu befeuchten.

Es gibt leider Gewächse, die selbst im Stellmacher-Garten einfach nicht gedeihen, wie beispielsweise der Gletscherhahnenfuß, aber auch viele positive Überraschungen: Pflanzen, die hier angeblich nicht wachsen und es doch tun.

»Manchmal muss man es einfach versuchen, das hat ja einen besonderen Reiz, außerdem möchte man sie einfach haben. Trotzdem, wenn man sie dann am Naturstandort sieht, dann wirken sie noch ganz anders. Beispielsweise die Marienfrauenschuh-Orchideen, wenn man die weit nördlich vom Polarkreis auf einer Wiese entdeckt, einen ganzen Hang voll, das ist ein Traum! Es ist wunderschön!«

Die Eheleute Stellmacher sind auch schon vorher nach Norwegen gefahren, aber seit sie angefangen haben, alpine Pflanzen zu sammeln, ist es für sie wirklich das Traumland: »... diese mächtige Natur, da merkt man, wie klein wir Menschen wirklich sind. Nächstes Jahr fahren wir zum 25. Mal hin.«

Hexenbesen

Jörg Stellmacher liebt Raritäten, beispielsweise Miniaturbäume, die aus Hexenbesen entstanden sind. Als Hexenbesen bezeichnet man buschartige Verwachsungen in manchen Laub- und Nadelbäumen, die man auch in den Kiefernwäldern der Mark finden kann.

Sie erinnern oft an Bonsais. »Ein Freund von mir macht Bonsais. Ich brauche nicht zu schneiden, meine sind so.« Das gilt auch für die Krüppelkastanie, die nicht nur sehr klein bleiben wird, sondern auch gebändert ist. Das bedeutet, dass die oberen Äste durch eine Mutation zusammengewachsen sind und ein flaches, breites Band bilden.

Kontrastfarbige Blüten

Weiß blühende Waldlilie mit einer gefüllten Waldanemone

Waldlilien

Aus Nordamerika oder Nordostasien stammen die Waldlilien, auch Dreiblatt oder Trillium genannt, die aus drei rund um den Stängel angeordneten Hochblättern mit unterschiedlichen Blattformen und -zeichnungen bestehen, aus denen die ebenfalls dreiblättrige Blüte wächst. Sie sind winterhart und gedeihen am besten im kühlen, feuchten Boden, vor Wind und Sonne geschützt.

Wie die Buschwindröschen in Nordeuropa blühen die Waldlilien in den Wäldern ihrer Heimat in großen Flächen, während sie hier noch nicht lange bekannt und relativ selten in den Gärten zu finden sind. Am besten kauft man sie blühend, denn bei manchen Waldlilien-Glockenblumen hängen die hübschen Blüten unter dem Laub.

Rhododendren

»Ich mochte eigentlich keine Rhododendren, ich fand sie einfach nicht schön, bis wir vor 30 Jahren in Ostfriesland Urlaub machten. Da habe ich die unterschiedlichen Blattformen gesehen, und für mich sind die Blätter das eigentlich Interessante.« Wenn man bedenkt, dass die Blüte eines Rhododendrons, so spektakulär sie sein kann, etwa zwei Wochen dauert, man den Anblick der Blätter aber das ganze Jahr über genießen kann, spricht viel für dieses Argument.

Die Blätter können unterschiedlich groß sein, von einem Zentimeter bei manchen alpinen Pflanzen bis zu 50 – 60 Zentimetern bei Arten, die aus milden, niederschlagsreichen Regionen stammen. Allerdings sind große Blätter in den hiesigen, oft sonnig-kalten Wintern problematisch, weil sie viel verdunsten, deshalb stehen die Pflanzen hier sehr geschützt. »Inzwischen habe ich schon Sträucher mit Blättern von 30 Zentimetern Länge.« Bei Kälte rollen sich die Blätter ein, um die Verdunstung gering zu halten. Manche haben eine stark behaarte, filzige Oberfläche, was die Verdunstung verringert. Rhododendron yakushimanum, eine Wildform aus Japan, zeigt den Filz nur beim Austrieb, nach einem Jahr sind die Blätter dunkelgrün glänzend.

Vorn gelber, gefüllter Scheinmohn, dahinter Rhododendren und Pfingstrosen in Blüte

Im Mai blühen die weißen und roten Pfingstrosen, Rhododendren und Glockenblumen.

Es gibt über den Boden kriechende Pflanzen und bis zu drei Meter hohe Sträucher. Die Rhododendren brauchen völlig andere Erde als die Steingartenpflanzen. Bei Jörg Stellmacher bekommen sie eine Mischung aus Nadelerde und Eichenlaubkompost. Hin und wieder werden sie mit Hornspänen gedüngt, mehr ist nicht nötig. Im Herbst wird eine 30 Zentimeter dicke Schicht aus Eichenlaub auf die Wurzeln geschüttet, insgesamt etwa zwanzig Müllsäcke. Davon sind im Frühjahr noch ungefähr zehn Zentimeter übrig. »Dann muss ich zwar immer die kleinen Eichensetzlinge herausziehen, aber sonst ist es ideal. Auch die abgedankten Weihnachtsbäume von den Nachbarn hole ich herein und gebe sie klein geschnitten darunter.« Aus Kiefernnadeln gewinnt man ebenfalls sauren Boden, sie verrotten langsam und lockern den Kompost auf.

Rhododendren, die weniger ideale Bedingungen haben, können von vielen Plagen befallen werden: Zikaden stechen die Knospen an, ein Pilz kann eindringen und die Blütenknospen vertrocknen. Durch Eisenmangel, Pilze und Trockenheit verfärben sich die Blätter. Der Dickmaulrüssler, ein nachtaktiver schwarzer Käfer, beißt Buchten genannte Löcher in die Blattränder. Den größten Schaden richten seine Larven an den Wurzeln der Pflanzen an. Sie können mit Erdwürmern *(Nematoden)* behandelt werden. Wenn der Befall nicht so stark ist, gibt es eine andere Möglichkeit. Unter den Strauch kann man ein altes, morsches Holzbrett legen. Am nächsten Morgen haben sich die Käfer darunter versammelt und können entsorgt werden.

Pfingstrosen
Es gibt zwei große Gruppen von Pfingstrosen, staudige Bauernpfingstrosen und Strauchpfingstrosen, deren verholzende Zweige im Winter nicht einziehen. Im Garten Stellmacher gibt es hauptsächlich die strauchigen

Winterharte Fuchsie *Magellan*

Pfingstrose *High Noon*

Rockii-Hybriden mit großen, weißen Blüten und dunkler Mitte. »Ich hatte gehört, Pfingstrosen lieben Waldschatten, deshalb hatte ich sie vor einer blauen, schon ziemlich hohen Zeder stehen. Seitdem der Baum bei einem Sturm umgefallen ist, explodiert die Pfingstrose regelrecht. Im vorigen Jahr hatte sie 142 Blüten.« Sie stehen in Rhododendron-Erde und bekommen keinen Dünger.

Sammlerstücke

Der Feuerkolben ist ein Zwiebelgewächs aus der Familie der Aronstäbe, dem nachgesagt wird, in unseren Breiten nicht winterhart zu sein. Deshalb wird tiefer gepflanzt als angegeben, 15 – 20 Zentimeter, das Fünffache der Zwiebelgröße. Diese Pflanze stammt ursprünglich aus Japan. Die spektakulärste Pflanze in diesem Garten ist winzig: der kleinste Baum der Welt ist eine Weide, die ursprünglich aus Grönland stammt, dort aber inzwischen nicht

mehr zu finden ist. Ihre Blätter sind maximal fünf bis zehn Millimeter lang und drei Millimeter breit.
1924 fand die letzte erfolgreiche Expedition statt. Als die Boote auf dem Rückweg kenterten, wurde die kleine Pflanze angeblich im Mund einer Teilnehmerin vor dem Untergang gerettet. Heute wird sie in zwanzig registrierten Gärten der Welt kultiviert.[3]

Gartenpflege

Jörg Stellmacher behauptet, er sei ein *fauler Gärtner*. Darum hat er hier alles zugepflanzt oder gemulcht, und tatsächlich gibt es wenig Unkraut. Ausnahmen sind die Gräser auf den Wegen, deren Samen wahrscheinlich an den Schuhen klebten, und im Sommer, nach dem Urlaub, haben sich die gelben Saudisteln schon wieder ausgesät. In diesem Garten haben die Steine Vorrang, sie müssen manchmal von zu wüchsigen Stauden befreit werden.

Die Magnolie *Yellow River* blüht ziemlich früh, ist aber nicht frostempfindlich.

Die Magnolie steht in saurem, humusreichen Boden.

Andere Pflanzen vermehren sich zu stark, wie die Märzenbecher, oder werden zu groß, wie die Hirschzungenfarne, die herausgenommen und an andere Gartenfreunde weitergegeben werden. »Steinbrech kann von der Mitte aus verkahlen, aber das passiert nicht, wenn er sehr eng in einer Felsspalte steht, dann wird er gar nicht groß genug.

Soweit mein Einfluss reicht, habe ich mich bemüht, es den Pflanzen so angenehm wie möglich zu machen. Trotzdem verabschieden sich manche, weil sie sich hier doch nicht wohl fühlen, dann hat man wieder einen Platz für etwas Neues. Ich mag Pflanzen, bei denen man, nachdem sie einmal gepflanzt sind, seine Ruhe hat.

Natürlich schneide ich ab, was verblüht ist. Wenn ein Rhododendron oder eine Pfingstrose zu stark in den Weg hineinwachsen, dann muss eben der Weg umgelegt werden. Die Hauptarbeit ist das Zurückschneiden im Herbst. Wenn ich durch den Garten gehe, und das ist mindestens ein- bis zweimal täglich, zum Sitzplatz hinten, dann zupple ich im Vorbeigehen mal hier und mal da, habe auch immer eine Schere dabei.«

Fazit

»Ich wollte nie einen Garten haben, weil ich als Kind immer darin arbeiten musste. Als wir das Haus hier übernahmen, hat sich das geändert, man musste ja etwas

Im April blühen auch größere Gehölze wie die Sternmagnolie, der Magnolienbaum und die ersten Rhododendren.

machen. Steine und Mineralien mochte ich schon immer, fand ich faszinierend.

Als ich anfing, hatte ich ja keine Vorstellung, wie der Steingarten werden sollte. Seine Entwicklung hat ungefähr zwanzig Jahre gedauert. Ich bin zufrieden, auch mit den Änderungen, die sich durch Kälte, Hitze oder Ungeziefer von selbst einstellen.

Auch als ich noch berufstätig war, ging ich morgens eine Runde durch den Garten, und abends war das der erste Weg, wenn ich nach Hause kam.

Im Großen und Ganzen fühle ich mich richtig wohl mit dem Garten – also eigentlich bin ich darin sogar glücklich.«

Öffnungszeiten

Für diesen Garten können individuelle Besichtigungstermine für maximal fünf Personen gleichzeitig vereinbart werden, Schuhgröße maximal 44, telefonisch unter 030-811 28 86.

1 Karl Foerster (1874–1970)
2 Karl Foerster, Der Steingarten der sieben Jahreszeiten: Naturhaft oder architektonisch gestaltet. Arbeits- und Anschauungsbuch für Anfänger und Kenner, Ulmer Verlag Stuttgart
3 Siegfried Geißler, Leisnig

Ein Garten wächst in die Landschaft

Ein so schmales und langes Grundstück zu gestalten, ist eine interessante Aufgabe, aber die eigentliche Herausforderung war: Wie kann man Garten und Landschaft miteinander verbinden?

Ja, wir haben alles selbst geplant und umgesetzt, ausgenommen Maurerarbeiten, Wasserbecken und Teich. Nein, wir sind keine Gartenarchitekten oder Gärtner, aber ich werde es ganz sicher in meinem nächsten Leben. Bis jetzt haben wir auch die Pflege allein geschafft, und ich empfinde das nicht als Arbeit – die einzige Ausnahme ist das Trimmen der Buchsbaumhecken.

Damit sind die am häufigsten gestellten Fragen zu unserem Garten schon mal beantwortet.

Die Pflanzen und mich empfinde ich als Team; dabei besteht meine Hauptaufgabe darin, sie von der Gärtnerei hierher zu schaffen und dann bei ihrer weiteren Entwicklung zu unterstützen. Der Garten *gehört* nicht uns, sondern allen, die ihn nutzen: dem Wind, der Sonne, den Vögeln und Insekten, den Menschen, die ihn mögen. Durch gute Bedingungen, ausreichend Nahrung und Wasser unterstützen wir die Pflanzen dabei, sich gegen Schädlinge oder das Überwuchern zu behaupten. Im Notfall greifen wir natürlich auch ein.

Andererseits machen wir uns nicht zu Sklaven des Gartens. So viel Spaß mir das Pflegen auch macht, noch mehr genieße ich den Anblick all der Schönheit oder einfach nur draußen zu sein und ein Buch zu lesen – nicht mal immer ein Gartenbuch!

Der Garten ist jetzt zehn Jahre alt und gerade entsteht mal wieder das jetzt aber wirklich allerletzte Beet. Zwischen den beiden Straßen des Ortes liegt ein Landschaftsschutzgebiet, das in der Mitte durch den Mittelgraben geteilt ist. In der letzten Eiszeit hat die Endmoräne eine sanft hügelige Landschaft gebildet, an deren tiefster Stelle ein See entstand, von dem heute nur noch eine Feuchtwiese und besagter Graben erhalten sind. Als ich das Grundstück zum ersten Mal sah, regnete es, es war kalt und windig – und ich wollte eigentlich gar nicht mehr weg, Liebe auf den ersten Blick.

Mit unserer Begeisterung für das Grundstück standen wir anfangs ziemlich allein. Es ist an der Straße nur 10 Meter schmal und erreicht erst nach circa 30 Metern seine maximale Breite von 18 Metern. Dafür ist es etwas länger: etwa 225 Meter.

Der Garten entwickelte sich nach und nach. Dabei bemühten wir uns, einige selbst gestellte Regeln einzuhalten:

· vorhandene Elemente erhalten und integrieren
· Gestaltung von Haus und Garten aufeinander abstimmen
· Kultur in der Nähe des Hauses und dann Übergang in die Natur
· die einzelnen Gartenteile entsprechend ihrer zukünftigen Funktion konzipieren
· die Pflanzen passend zu den Boden- und Lichtverhältnissen auswählen
· dem Zufall eine Chance geben

Ein Gang durch den Garten

Der nach Süden ausgerichtete Vorgarten soll uns in erster Linie vor Lärm und Einblicken von der Straße schützen. Die Form des geschwungenen Weges ergab sich dadurch von selbst.

Es entstand ein großes Beet, in das unkomplizierte Büsche gepflanzt wurden: Flieder, Kolkwitzie, Weigelie, Spiraea, Jasmin, Schneebälle, Kirschlorbeer und Buchsbaumkugeln

Wir, das sind mein Mann, Ad de Kok und ich, Doro Wiederhold

für den Winter. Die Idee war, dass eine grüne *Wand* zu den Nachbarn und zur Straße wachsen sollte. Der Abstand zwischen den Sträuchern am Weg sollte so groß sein, dass Durchblicke auf das Innere des Beetes entstehen, in dem sich Einjährige, Stauden und Gräser abwechseln.

Der Vorgarten wird begrenzt durch einen alten Hühnerstall, der uns als Scheune dient. Die Bank davor ist einer unserer Lieblingsplätze in Frühjahr und Herbst. Hier sitzt man geschützt vom Wind vor der Backsteinmauer, die den ganzen Tag die Wärme der Sonne getankt hat.

Um im Haus komfortable Raumhöhen zu erreichen, hatten wir beschlossen, es einen Meter einzugraben. Dadurch entstand zwischen Scheune und Haus ein tiefer gelegener Hof.

Die Pflanzen in den Hochbeeten sind alle etwa gleich stark, sodass bislang kaum korrigierende Eingriffe nötig waren – links wechseln sich Immergrün, Heuchera, Dickmann und Buchsbäume ab, dazwischen stehen ein paar Farne und ein Rhododendron. Nur der Efeu wird im Frühjahr gekürzt.

Die Kletterhortensie hat sich nach anfänglichem Zögern gut entwickelt und wird jetzt zweimal jährlich geschnitten, damit sie nicht unters Scheunendach wächst. Auch die zu weit nach vorn wachsenden Zweige kürzen wir nach der Blüte ein, sonst werden sie irgendwann zu schwer und die Pflanze verliert den Halt an der Mauer. Da die Küche direkt an den Hof grenzt, nehmen wir hier viele Malzeiten ein, zu zweit oder mit Freunden, und wenn

Die Mauer zur Straße ist schon fast hinter den Sträuchern verschwunden.

Die Hortensie *Annabelle* teilt mit dem Zebragras die Farben und mit den Rosen die Form.

Der Senkgarten hinter dem Haus

es zu warm ist, unter dem Walnussbaum. Der Walnussbaum als ältestes Gewächs des Gartens sorgte von Anfang an dafür, dass das Haus mit der Umgebung harmonierte. Er bekommt sein Laub erst spät im Frühjahr und in den warmen Monaten fällt sein Schatten von Süden her auf das Haus. Wenn die Tage kürzer werden, verliert er schon früh wieder seine Blätter und lässt die Herbstsonne durch.

Er leistet gute Dienste gegen die Straßengeräusche und als Sichtschutz. Die Blätter werden wir mit dem Rasenmäher zu Mulch verarbeiten und den Rhododendren und Hortensien spendieren, sobald das Blattvirus uns nicht mehr zwingt, sie abholen zu lassen. Es gibt viele Liebhaber seiner Nüsse, die Tierärztin freut sich immer für ihre Vögel. Und da sollen wir uns aufregen, dass wir

ab und zu mal Blüten, Blätter und Nüsse fegen müssen? Das Gerücht, er halte Mücken ab, kann ich leider nicht bestätigen.

Erst vor kurzem ist hier ein neues Beet entstanden. Um die Wurzeln des Baumes zu schonen, wurde der Rasen vorsichtig entfernt. Die Randsteine wurden nur wenig ins Erdreich eingearbeitet und das ganze mit Kompost und Erde aufgefüllt. Jetzt ist das Mähen einfacher, und die Rinde des Baums kann nicht mehr vom Rasenmäher beschädigt werden.

Im Haus steht ein Sessel vor dem Fenster, von dem aus man ab Februar die ersten Lebenszeichen des Gartens beobachten kann. Wenn die Blätter der Narzissen vertrocknen, spendet der Baum schon genug Schatten für

Pflanzen im Gegenlicht – magische Wirkung

Seerosen im Wasserbecken

die Hostas, die sie überwuchern sollen. Der Rasen unter dem Walnussbaum geht in einen schmalen Streifen über, der hinters Haus führt und zu beiden Seiten mit circa 50 Zentimeter breiten Beeten eingefasst ist. Da unsere Nachbarin die Bepflanzung in den angrenzenden Rabatten aufnimmt und ergänzt, wird hier die Grundstücksgrenze verwischt.

Auch hinter dem Haus wollten wir Luft und Licht und nicht direkt auf die Geländesteigung blicken. Der Grundriss des Senkgartens ist symmetrisch und durch die vielen Immergrünen auch im Winter ansehnlich.

Zunächst wurde das Wasserbecken ausgegraben. Es besteht aus Holzplatten und einer Folie, die an Ort und Stelle passend geschweißt wurde. Hauptziel war, dass sich der Himmel im Wasser spiegeln sollte und wir Wind und Regen auf der Oberfläche sehen könnten.

Es enthält lediglich zwei Seerosen und Unterwasserpflanzen wie Krebsschere und Hornblatt, die genug Sauerstoff produzieren, da wir keine Fische einsetzen wollten. Anfangs entwickelten sich Algen, und wir mussten regelmäßig die hinein gewehten Blätter entfernen, aber bald konnte man jeden Kieselstein in 110 Zentimetern Tiefe sehen. Lange haben wir gegrübelt, wie die Seitenränder des Senkgartens abgefangen werden könnten. Die Lösung besteht aus Betonsteinen, die einfach aufeinander geschichtet wurden. Sie waren vergleichsweise preisgünstig und werden mit der Zeit immer schöner.

Die umgebende Rasenfläche hat das ursprüngliche Niveau behalten. Rechts und links sind entlang der Grenzen zu den Nachbargrundstücken schmale Beete entstanden, die sich am höchsten Punkt des Gartens zu größeren gemischten Rabatten verbreitern.
In der Mitte des Rasens ist um den kahlen Stamm des

Der Rasenstreifen links vom Senkgarten ist von schmalen Beeten gesäumt.

In der Mitte des Rasens ist um den alten Apfelbaum herum ein Beet mit Stauden, Clematis und Kletterrosen entstanden.

Ackerwitwe in der Blumenwiese

Das Kiesbeet-Experiment ist noch ausbaufähig.

alten Apfelbaums herum ein Beet mit Stauden, Clematis und Kletterrosen entstanden.

Das Rosenbeet liegt an der höchsten Stelle des Grundstücks, für Wind und Sonne ist also gesorgt, den Sandboden der gesamten Fläche haben wir durch Kompost ersetzt.

Alle Gartenbücher hatten mich zu Recht vor den Rosen gewarnt. Tatsächlich sind sie verwöhnt und anspruchsvoll, aber wenn sie blühen, sind alle Kratzer und Mühen vergessen!

Persönlich mag ich keine streng geformten Monokulturen, also erhielten die Sträucher viele Stauden zur Gesellschaft. Bekanntermaßen ist der Wind für die Rittersporne nicht so günstig, sie brechen ab wie Glas, und ich stütze sie schon so gut wie möglich! Aber wenn die Blüten schwer vom Regen sind und dann im Juni noch ein ausgewachsener Sturm dazu kommt, schaffen es die hohlen Stängel einfach nicht. Die einzige Lösung ist dann: abschneiden und in die Vase setzen. Die Vase wird dann zum Füllen der entstandenen Lücken ins Beet

drapiert. Irgendwo habe ich gelesen, dass die Bauersfrauen früher die abgeschnittenen Stängel mit einem Fingerhut davor schützten, dass es hineinregnet und die Pflanze fault (und das trifft natürlich auch auf Lupinen, Fingerhüte (!) etc. zu). Aber auch hier gilt wieder: Die Schönheit belohnt uns für unsere Mühen und Sorgen.

Weil wir zwischen den Rosen sitzen wollten, haben wir das Beet zum Haus hin erweitert und dazwischen einen Rasenstreifen von einem Meter Breite ausgespart, an dessen Ende jetzt eine Bank steht.

Rechts vom Rosenbeet hatten wir ein altes Streifenfundament mit grobem Kies gefüllt und mit den beim Bauen zu Tage getretenen Steinen eine Miniaturlandschaft angedeutet. Auch hier besteht der Boden aus reinem Sand, und die Birken machen sogar dem Gras das Leben schwer.

Im letzten Jahr haben wir winterharte, Wärme, Trockenheit und arme Böden liebende Blumenzwiebeln und Stauden zwischen die Steine gepflanzt und sie praktisch nicht gewässert. Einige Terrassensteine wurden später

Der Teich am Fuß des Hügels im Frühsommer

aufgenommen und eine Hänge-Blutbuche gepflanzt, deren Abmessung plötzlich deutlich macht, wie groß die Birken dahinter geworden sind!

Sobald man auf der Hügelkuppe steht, kann man die Aussicht über den Mittelgraben genießen. Eine kleine Terrasse wird von den Birken beschattet und an warmen Sommerabenden beobachten wir, wie die Sonne untergeht und die Tiere aktiv werden. Sobald es kälter wird, machen wir ein Holzfeuer und genießen die Ruhe.

In Gartenbüchern wird immer wieder beschrieben, wie man durch Umpflügen und Aussäen einer Blumenwiesenmischung eine natürliche Weide anlegt, aber so ist es uns jedenfalls nicht gelungen. Wir verfolgen jetzt eine Doppelstrategie – den Boden konsequent vermagern, also nur einmal im Jahr mähen, wenn die Wildblüten Samen entwickelt haben, das Mähgut einige Tage liegen lassen,

damit die Samen Zeit haben, herauszufallen, und es dann abtragen. Außerdem versuchen wir, das Gras mit Klappertopf zu schwächen. Diese einjährige Pflanze ist ein Halbparasit, sie heftet sich an die Wurzeln der Gräser und sorgt so dafür, dass andere Pflanzen eine Chance bekommen.

Ein in die Wiese gemähter, geschwungener Weg führt zwischen den verschiedenfarbigen Gräsern und spontan aufgekommenen Wildpflanzen durch zum Teich. Nach der Eiszeit muss in der Senke ein großer See gewesen sein, der inzwischen verlandet ist. Der Boden ist schwarz und feucht und vibriert beim Galopp der Pferde auf der benachbarten Koppel.

Um den Teich herum stehen viele Gräser, dazwischen Wasserdost, Salbei, Mohnstauden, Lenzrose, Iris, Geranien, Malven. Im Frühjahr werden ein paar Tütchen Samenmischung für einjährige Sommerblumen ausgestreut. Abgesehen vom Frühjahr, wenn alle abgestorbenen Pflan-

Rose *Elfe* und Rittersporn

Tulpen *Blue Heron* und *Nightrider*

zenreste abgeschnitten und entsorgt werden, gibt es hier nicht viel zu tun – außer die vielen Insekten, Amphibien und Vögel zu beobachten, die sich am Teich treffen.

Oft saßen wir oben auf dem Hügel und überlegten, was wir mit der Feuchtwiese zwischen Teich und Mittelgraben anfangen sollten; wir hatten das Gefühl, dass dieser Bereich des Grundstücks noch nicht dazugehörte. Er sollte Teil der Landschaft bleiben aber auch an den Garten angebunden werden. Die Gestaltung sollte nicht zu aufwändig sein, aber aus größerer Entfernung wirksam und sichtbar. Eine Überlegung war, die Besonderheit des Grundstücks, nämlich dass es lang und schmal ist, noch zu betonen. Kombiniert mit dem Wunsch, den Blick vom Hügel her in die Landschaft zu lenken, dachten wir zunächst an eine Art grünen Tunnel, dann an eine Allee. Wenn sich das Bild vor dem inneren Auge formt, ist man sofort überzeugt, dass es richtig und stimmig ist, dann muss man es auch

so machen – finde ich. Die Bäume sollten einheimisch sein, wegen der Aussicht nicht mehr als vier Meter hoch werden und sie mussten mit dem nassen, manchmal überströmten Boden zurechtkommen.
Es gab nur eine Möglichkeit: Betula petula youngii. Die Höhe dieser Hängebirke konnten wir selbst festlegen, da sie eigentlich horizontal wächst, es sei denn, man bindet sie auf. Die vier Meter hohen Bambusstäbe konnten wir inzwischen entfernen. Die Birken sind uns auch deshalb sympathisch, weil sie mit ihren weißen Stämmen den Winter etwas aufhellen.

Die Wiesenstreifen an den Grundstücksgrenzen mäht Ad nur im Frühjahr, und so behalten auch die Schmetterlinge, was sie brauchen. Einmal bemerkte eine Besucherin, die Bäume erinnern sie an Damen, die zum Ball gehen und der Wind raschelt in ihren langen Taftkleidern. So bekam dieser Teil des Gartens seinen Namen: *Die Damen.*

Mädesüß, eine der dankbarsten Stauden

Große Sterndolde und zweifarbige Lupine

Auswahl und Standort der Pflanzen

Neben den oben genannten Gestaltungsprinzipien bestimmen die Pflanzenkombinationen den Charakter des Gartens. Anfangs fand ich alle Pflanzen schön und wollte sie in unserem Garten haben. Inzwischen hat sich ein eigener Geschmack entwickelt, der ausschließlich auf Sympathie basiert.

Vergissmeinnicht kann man wie Bodendecker benutzen: sie verwandeln die Beete im Frühjahr in ein blaues Meer; sobald der Samen reif ist, machen sie Platz für die Stauden, dabei werden die Samen abgestreift und einfach fallen gelassen. Im Herbst wirken die jungen Pflanzen wie grüner Mulch.

Es ist immer gut, möglichst viel über Ursprung und die Bedürfnisse der Gewächse in Erfahrung zu bringen. Hätte ich vorher gewusst, dass Tulpen aus der Türkei stammen und dort in armem Boden an sehr sonnigen Stellen gedeihen, hätte ich die Zwiebeln nicht in den Rasen unter dem Walnussbaum gepflanzt.

Während ich anfangs versuchte, die Situation der Pflanze anzupassen, mache ich uns das Leben heute leichter, indem ich direkt einen geeigneten Platz wähle. Es kann natürlich passieren, dass sich die Situation z. B. von Licht oder Schatten ändert. So hatte ich eine Hosta in den Schatten eines Baumes gepflanzt, der später gefällt wurde. Glücklicherweise kommt sie mit den veränderten Umständen zurecht, Hauptsache, sie bekommt genug Wasser.

Oft entscheide gar nicht ich, was im Garten steht, Wind und Vögel bringen den Samen manchmal von weit her. Wenn dann ein Fingerhut oder ein Farn – beide eigentlich am Waldrand im Halbschatten zu Hause – an einer sonnigen Stelle erscheint und dort gedeiht, dann kann

Abendstimmung über dem Mittelgraben

Am Teich wechseln sich natürlich wirkende Stauden mit großen Grashorsten ab.

Immer wieder attraktiv: Rosen und Lavendel

ich das nur respektieren. Umgekehrt hatten sich einjährige Mohnblumen, wahrscheinlich aus dem Kompost, im Frühjahr unter den kahlen Zweigen des Walnussbaums angesiedelt und sich dann im Schatten der Blätter weiter relativ gut, wenn auch später und kleiner als in der Sonne, zur Blüte entwickelt.

Auch den Essigbaum im Vorgarten habe ich nicht gepflanzt. Als die Nachbarn ihr Exemplar kappten, suchte und bekam er über Wurzelausläufer bei uns Exil. An einer besseren Stelle hätte ich ihn gar nicht platzieren können. Hier bildet er einen schönen Bogen über den Weg und verbindet so die beiden Beete. Außerdem bietet er einer etwas schlappen Rose eine gute Stütze.

Nur wenn es sich bei dem *Einwanderer* um ein gelb blü-

hendes Exemplar handelt, wird es vor der Samenbildung verschenkt oder wandert notfalls, wie die Goldrute, in den Kompost. So sehr ich mich über farbenfrohe Gärten anderer freuen kann – dieser Garten vermittelt mir mit seiner zurückhaltenden Farbgebung mehr Ruhe und Harmonie, und das erreiche ich durch helle, kühle Blütenfarben. Nur von der ganz zartgelben Lupine kann ich mich einfach nicht trennen.

Was mich der Garten gelehrt hat

Inzwischen kenne ich viele Pflanzen, ihren Lebenszyklus und ihre Bedürfnisse – theoretisch. Ich lasse mir aber auch mehr Zeit, sie zu beobachten und meiner Intuition, die ja nicht mehr ist als die Kombination bewusster und

Türkischer Mohn und Lupinen ergänzen sich gut.

Birkenblatt auf der alten, bemoosten Holzbank

unbewusster Erfahrungen und Kenntnisse, zu vertrauen. Und ich weiß, dass ich nie alles lernen kann, was ich über Pflanzen und Gärten wissen möchte.

Ich habe gelernt, nicht nur das einzelne Exemplar zu sehen, sondern auch das Zusammenspiel mit der direkten Umgebung, dem Beet, der Struktur des Gartens und der Nachbarschaft.

Es rächt sich, halbe Maßnahmen zu ergreifen, beispielsweise aus Sparsamkeitsgründen minderwertige Pflanzen zu kaufen oder schlechte Erde zu benutzen.

Auch im Garten gilt: Ich mache zuerst das, was mir am wenigsten Spaß macht und freue mich die ganze Zeit darauf, dass ich, wenn alles *fertig* ist, neue Pflanzen einsetzen kann. An jedem Gartentag nehme ich mir bestimmte Tätigkeiten vor und lege eine maximale Zeit fest, danach räume ich auf und genieße!

Es gibt öfter Situationen, in denen ich denke, das schaffe ich nicht, es ist alles zu viel und wächst mir – in jedem Sinne des Wortes – über den Kopf. Dann konzentriere ich mich auf nur ein Problem, in einem überschaubaren Teil eines Beetes, und kümmere mich darum. Beispielsweise einen Quadratmeter Beet vom Giersch befreien, aber das dann auch gründlich. Und am Ende war alles immer halb so schlimm.

Der Garten relativiert vieles, was außerhalb stattfindet. Ich kann darüber nachdenken, aber es ist nicht mehr ganz so wichtig. Und wenn ich mal einen Gartenteil ein paar Tage nicht besuche, geht das Leben dort unvermindert weiter, und ich stelle fest, dass ich gar nicht so wichtig bin. Und dann lehrt mich der Garten natürlich Geduld, aber daran muss ich noch arbeiten. Jetzt sofort!

Öffnungszeiten

Die Öffnungszeiten dieses Gartens werden publiziert unter:
www.urania-potsdam.de oder
www.offene-gaerten-berlin-umland.de

Außerdem ist es möglich, individuelle Termine zu vereinbaren unter adekok@t-online.de oder 03 32 05-6 47 78.

Der Teich am Fuß des Hügels im Herbst

Schatten und Licht

In der Waldsiedlung von Rehbrücke schuf sich Oliver Bathe
mit viel Behutsamkeit und Kreativität ein sehr individuelles Refugium.

An der Geschichte vieler Häuser und Grundstücke in und um Berlin kann man die politische Entwicklung des letzten Jahrhunderts ablesen. Ende des 19. Jahrhunderts wurde die Umgebung vieler europäischer Großstädte durch den Bau von Strecken und Bahnhöfen erschlossen, und es entstanden um die Bauerndörfer herum neue Ortsteile, die den Ansprüchen wohlhabender Städter genügen konnten.

Oliver Bathes Großeltern kauften das Anfang der 1930er Jahre im typischen Siedlungsstil gebaute Haus 1936. Es wurde entworfen von Martin Brinkmann, dem Architekten, der in Nachfolge seines Vaters Wilhelm seit 1905 die Landhauskolonie Rehbrücke südwestlich von Berlin entwickelt hatte.

Nachdem Großvater Bathe im Krieg gefallen und die Großmutter gestorben war, wurde das Haus zwangsvermietet. Glücklicherweise hatten viele Mieter in der DDR weder die Mittel noch die Motivation, strukturelle Veränderungen vorzunehmen, sodass charakteristische Elemente erhalten blieben, die bei gleichartigen Häusern in anderen Teilen Deutschlands der Modernisierungswut der 1960er Jahre zum Opfer gefallen sind.
1994 waren die Mieter ausgezogen, und seine Eltern wollten ihr Umfeld in Berlin-Zehlendorf nicht verlassen, also wagte Oliver Bathe den Neuanfang in Rehbrücke.

Man kann sich heute noch gut vorstellen, wie die erst 2009 asphaltierte Straße ursprünglich in den märkischen Sand gebaut wurde und gleich hinter dem Haus der Kiefernwald begann.
Viele der alten Bäume sind erhalten geblieben und bestimmen weiterhin Grundstück, Umgebung und die Grenzen der Gartengestaltung. Einen Ort mit so viel Charakter zum eigenen Zuhause zu machen und dabei seine Geschichte zu respektieren, erfordert Geduld, Behutsamkeit und Kreativität.
Das Grundstück ist knapp 1400 Quadratmeter groß und lang gestreckt. Anfangs gab es nur Kiefern, Eiben, einige Koniferen, Fichten, verholzte Hecken, Wiesen und große Mengen Beton: Wege, Kantensteine, Hauseinfassung, Terrasse und Kompostanlage.

Versuche, Irrtümer und Erfolge

In den beiden ersten Jahren wurde das Haus renoviert und ein Raum angebaut, der Garten wurde hauptsächlich geharkt und die Wege gefegt. Kiefernzapfen und -nadeln gab und gibt es in Fülle. Wo vorher gerodet worden war, machten sich jetzt die Unkräuter breit. Vor allem der Giersch entwickelte sich prächtig, ansonsten blieb der Status quo erhalten. Auch vereinzelte Pflanzenkäufe und deren Platzierung in der *Weite* des Grundstücks blieben unbefriedigend. Um Strukturen zu schaffen, wurden Pflasterarbeiten in Auftrag gegeben und damit Pflanzflächen definiert.

Als erstes größeres gärtnerisches Projekt legte Oliver Bathe 2000/2001 in einem Teil des Vorgartens mit viel Liebe und Moorbeeterde ein Heidebeet an, was sich leider als Irrtum herausstellte, vermutlich, weil es dort viel zu wenig Sonne gibt. Nur eine Erika hat bis heute überlebt, und für dieses Beet musste eine andere Gestaltungsidee entwickelt werden, die dem Bereich besser entspricht.
Links neben der Garagenauffahrt wurden abwechselnd immergrüne und Laub abwerfende Sträucher wie Blutpflaume und Blumenhartriegel gesetzt, Rhododendren

Oliver Bathe mit seinem wichtigsten Gartengerät

unter die große Eibe sowie erste Unterpflanzungen mit Gräsern, Lerchensporn und Elfenblume, außerdem diverse Geißblätter.

Nur für den rechten Teil des Vorgartens fehlte eine zündende Idee, er wurde nach Entfernung mehrerer Kiefern und des Unkrauts zunächst nur großflächig mit einem Wurzeltuch abgedeckt, um neuerliche Verkrautung zu verhindern.

Die wichtigsten Geräte in diesem Garten sind Harken und Scheren. Mit der Harke wird die ständige Ansammlung von Kiefernnadeln in Grenzen gehalten, die den Boden versäuern. Die Schere dient dazu, gegen das Wachstum von Sämlingen oder Ausläufern von Gehölzen und Bäumen anzugehen. Der Nachwuchs des gefiederten Essigbaums zum Beispiel darf bis auf Weiteres bleiben, muss sich aber häufig einen Kopf kürzer machen lassen.

Eine Idee entwickeln

So geht es wahrscheinlich jedem, der seine ersten Schritte als Gärtner macht: man bekommt Pflanzen geschenkt oder macht Spontankäufe, bringt sie mal hier und mal da in die Erde, kennt aber weder die Bedürfnisse der Pflanzen noch hat man eine Vorstellung, wie sich die Anlage auf Dauer entwickeln soll. Erst wenn sich ein Konzept abzeichnet, eine Grundstruktur bestimmt und umgesetzt ist, kann aus den bereits vorhanden und neu hinzukommenden Pflanzen ein Garten entstehen.

Oliver Bathe: »In einem Garten kann man sich nur wohl fühlen, wenn er unangestrengt wirkt und man den Aufwand für Gestaltung und Pflege nicht spürt. Harmonie stellt sich nur dann ein, wenn der Betrachter den Eindruck hat, dass sich die Pflanzen letztlich ihren Platz allein gesucht haben.«

Hauptideen waren hier: den Waldcharakter erhalten, natürliche Materialien verwenden, den Garten nicht mit einem Blick überschauen können, Gartenräume schaffen. Der Bereich rechts hinter dem Haus sollte durch dichte Bepflanzung einen intimen Charakter bekommen, links sollte es lichter und offener werden. Die Bäume und hohen Sträucher der umliegenden Grundstücke und des nach hinten angrenzenden Waldes sollten optisch in den Garten einbezogen werden.

Pflasterarbeiten

Die Realisierung der Wege und Rasenkanten aus grauem Granitklein- und -großpflaster erfolgte in mehreren Etappen. Zunächst wurde der Weg zum Hauseingang und rechts vom Haus zum Nebeneingang angelegt, dann die Auffahrt zur Garage. Es gibt nur zwei Bereiche, in denen die Wege gerade sind. »Zum Hauseingang hatte ich einen Weg von einem Meter Breite bestellt. Als nur 80 Zentimeter angelegt worden waren, fand ich das erst nicht gut, aber jetzt, wo er schön unregelmäßig kontrolliert zugewachsen ist, stellt sich heraus, dass tatsächlich nur 40 Zentimeter gebraucht werden. Das Grün hat hier Vorrang vor einem repräsentativen Weg.«

Die Ausläufer des Essigbaums wurden Anfang Mai alle auf die gleiche Höhe gestutzt.

Wohnhaus aus den 1930er Jahren

Im hinteren Bereich wurden die Ränder der zukünftigen Pflanzflächen unter Berücksichtigung der vorhandenen Gehölze mit einer Harke markiert und dort die Pflastersteine in Beton gesetzt. Daraus ergaben sich die harmonisch schwingenden Formen und unterschiedlichen Breiten der Wege, mindestens 60 Zentimeter, maximal zwei Meter. Als Material kamen weder Mulch noch Kies oder wassergebundene Wegefläche in Frage, da die Kieferzapfen und -nadeln weiterhin weggeharkt werden müssen. Oliver Bathe entschied sich, die Konturen auspflastern zu lassen.

Das Grundstück ist nicht ganz eben. Um den vorhandenen Niveau-Unterschied zum linken Nachbargrundstück auszugleichen, wurde das Beet mit dem Aushub des Wohn-

zimmeranbaus erhöht und mit Großpflaster eingefasst. Auch dort, wo um die Stämme herum Beete entstehen sollten, wurde Erde aufgeschüttet und mit Pflastersteinen abgefangen.

»Wenn ich das noch mal machen würde, würde ich den Boden vorher verbessern und mehr Humus aufbringen. Auch jetzt trage ich öfter gute Erde auf, aber die wird zum größten Teil im Frühjahr und Herbst mit den Nadeln wieder weggeharkt. Für die großen Pflanzaktionen habe ich immer fruchtbaren Boden anfahren lassen, insgesamt wohl circa 25 Kubikmeter. Dann wird ein Lastwagen in der Einfahrt ausgekippt, man karrt anderthalb Tage und fragt sich anschließend, wo es geblieben ist.
Für die mit Rollrasen ausgelegte Rasenfläche habe ich

Die Metallkugel vervollständigt diese Lichtung.

12 Kubikmeter Humus ausgebracht, aber wenn man heute nach fünf Jahren in den Rasen sticht, ist die Erde doch sehr arm. Die Problematik, dass unser Sandboden nämlich nichts hält und dass die Wurzeln der Bäume so viel Wasser und Nährstoffe abziehen, war mir damals tatsächlich nicht bewusst.«

»60 Zentimeter vom Kiefernstamm entfernt ist das Einpflanzen selbst kein Problem, es gibt zwar Wurzeln, aber man kommt gut durch. Am schwierigsten war es unter den Eiben, da gibt es ein ganz feines, dichtes, enges Geflecht. Die Hostas kommen erstaunlich gut damit klar, aber feinere Pflanzen hatten und haben dort schon Schwierigkeiten.«

Die Pflanzen mussten also mit mehreren Problemen kämpfen: Wurzeldruck, relativ arme und saure Erde, Konkurrenz um Wasser, die herunterfallenden Kiefernnadeln und -zapfen.

Um eine Kiefer herum entstand eine Pflanzeninsel, weil das Grundstück hier ansteigt und an dieser Stelle kein Rasen mehr sein sollte, sondern Beete rechts und links vom Weg. »Als ich das gemacht habe, hatte ich noch keine Idee, was ich hereinpflanze. Als erstes kam die Konifere. Wie sich herausstellte, gehört sie zu den Pflanzen, die schneller wachsen, als erwartet. Das andere hat sich dann im Lauf der Zeit ergeben.«

Um eine optische Verbindung zwischen Beeten und Bäumen zu schaffen und die relative Dominanz der Kiefernstämme zu brechen, wurden schon kurz nach dem Einzug Kletterpflanzen gesetzt.

Der Weg nach rechts ist eine Sackgasse, die an diesem Hügel endet.

Farben und Texturen harmonieren perfekt.

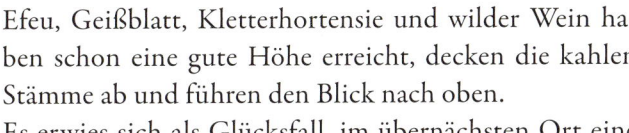

Das Objekt wiederholt die Farben der Umgebung.

Efeu, Geißblatt, Kletterhortensie und wilder Wein haben schon eine gute Höhe erreicht, decken die kahlen Stämme ab und führen den Blick nach oben.

Es erwies sich als Glücksfall, im übernächsten Ort eine Gärtnerei zu finden, auf deren Grundstück wie auch in dem angrenzenden Privatgarten gleiche Bedingungen herrschten, also saurer, armer Boden und viel Schatten. Dort lernte Oliver Bathe Pflanzen kennen, die bessere Aussichten hatten, sich auch in seinem Garten wohl zu fühlen. »Das war mein großes Glück, denn um eine Beziehung mit einem Garten aufzubauen, ist es notwendig, nicht nur Pflanzen zu kaufen, die man schick findet, die hübsch blühen oder große Blätter haben und einen anlachen. Davon hatte ich anfangs viel gekauft, was ich dann nie wiedergesehen habe, wie Enzian oder überhaupt Alpenpflanzen.

Heute weiß ich, dass das völlig idiotisch ist. In der Gärtnerei lernte ich Farne kennen, Elfenblumen, Buschwindröschen, Lerchensporn, Ziererdbeere, und die finde ich

super, sehr dankbar, eben einfache Sachen, die aber gut passen und den Garten relativ schnell füllten.«

Die etwas anderen Blüten

Was kann man tun, wenn man trotz Schatten nicht auf Akzente und Farben im Garten verzichten will? Man kann die Pflanzen mit Kunstobjekten kombinieren.

Bei einem ersten, kurzen Blick in den Garten sieht man sie vielleicht gar nicht, so unaufdringlich und harmonisch fügen sich viele Objekte ein, wie die Keramikkugel vor der Rinde einer Kiefer, die das Spiel von Licht und Schatten einfängt, oder das Tonobjekt, dessen Textur und Farbe perfekt mit Blättern und Rinde des Perückenstrauchs *Royal Purple* harmoniert, dessen Zweige wiederum die Form des Ton-Objekts aufnehmen.

Wieder andere leuchten in dunklen Ecken oder ziehen den Blick durch Glanz und Lichteffekte auf sich. Beim Gang durch den Garten kann hinter jeder Biegung eine

Sitzplatz am Haus in Herbstfarben

Überraschung stecken, mal auf dem Boden, mal hoch in den Zweigen, andere fast hinter den Blättern versteckt. Der sich im Laufe des Tages verändernde Lichteinfall belebt auch schwarze oder stumpfe Oberflächen. Für alle gilt, dass sie mit den sie umgebenden Pflanzen auf irgendeine Art kommunizieren und sich oft auch aufeinander beziehen – farblich, in Form oder Material.

Es gibt Stelen, Zapfen, Kugeln, Spiralen, gegenständliche und abstrakte Objekte, sie sind beweglich oder statisch, aus Keramik, Glas, Kunststoff, Marmor, Metall, Holz, Gussbeton. In der Regel haben sie entweder eine komplexe Form oder sind farbig.

Die Quellen sind Staudenmärkte, Künstler aus der Umgebung, Discountmärkte, das Internet. »Im Internet findet man manchmal sehr ungewöhnliche Objekte von Leuten, die das als Hobby betreiben. Die bieten dann fünf bis sieben Sachen an und wenn ich nach einer Weile noch mal nachsehe, dann ist nichts mehr da. Oder sie bieten es

saisonal an. Da findet man wirklich richtig hübsche, ästhetisch ansprechende Objekte. Manchmal ist es etwas krampfig, oder es sitzt da so ein blöder Frosch obendrauf, oder es ist alles gerade oder alles gleich groß, aber wenn es so wie zufällig ist, das gefällt mir gut.«

Es bedarf reiflicher Überlegung, ob ein Objekt angeschafft und wo es dann platziert wird. Oft muss es mehrmals umziehen, bis es seinen vorläufigen oder endgültigen Platz gefunden hat.

»Bei den Rosenkugeln kann man auch sparen und Kunststoff kaufen. Wenn sie erst mal Patina angesetzt haben, sieht man den Unterschied zu Glas nicht mehr, das geht nur schneller kaputt. Am Anfang fand ich die ja richtig affig, weil sie in vielen Gärten doof aufgestellt werden. Aber so schlecht sind sie gar nicht, sie bilden Kontraste, setzen Lichtpunkte, beispielsweise mit Gold oder Rot, als Hingucker in einem Bereich, in dem alles sonst sehr grün ist. Der Kontext ist entscheidend.«

Diese Stele stand als *Rosenkugel* im Internet.

Die Idee für dieses Objekt stammt von Oliver Bathe.

Etliche Skulpturen sind ab dem Spätsommer nur noch mit Mühe hinter den Blättern der Sträucher zu entdecken. »Das finde ich gerade besonders reizvoll, erst sind sie da, dann wieder nicht, aber ich weiß ja, wo sie sind und sehe sie doch.«

Beim Gang in den hinteren Teil des Gartens begegnet man dem Jungen, dessen Beschreibung auch für den Garten insgesamt zutreffen würde: zurückhaltend, besinnlich und freundlich. »Ich mag ja normalerweise Beton nicht, aber dieser Gussbeton, der durch das Besprengen mit dem eisenhaltigen Wasser auch noch angebräunt ist, das finde ich echt nett, hätte ich mir vorher nicht vorstellen können.«

Ein Gang durch den Garten

Der circa 10 Meter tiefe Vorgarten wird von einer großen Eibe dominiert, hinter der das Haus beinahe verschwindet. Links davon befindet sich die ehemalige Auffahrt zur Garage, die jetzt »selbstbestimmt« mit Sträuchern, Bodendeckern und Sämlingen zuwachsen darf, weil Oli-

ver Bathe sowieso kein Auto besitzt und die Garage als Schuppen dient – »... jedenfalls solange ich noch mit dem Fahrrad durchkomme.«

In den rechten Teil des Vorgartens wurde wegen seiner schön geschlitzten, hellgrünen Blätter ein Zuckerahorn gepflanzt, der inzwischen mit der Leichtigkeit der überhängenden Zweige ein gutes Gegengewicht zur Eibe bildet. Zur Straße hin wird das Grundstück von Sträuchern abgeschlossen. Das rote Laub des Perückenstrauchs harmoniert ausgezeichnet mit der Farbe der Klinker von Zaunpfeilern und Haus.

Im mittleren Teil des Vorgartens überwiegen schattenverträgliche Gehölze wie Rhododendren, außerdem Funkien, Farn, Storchschnabel. Ein Fenster im Dachgeschoss bietet eine Blickachse über Vorgarten und Straße hinweg auf ein großes Wasserschutzgebiet, die auf keinen Fall zuwachsen soll.

Rechts neben dem Haus führt ein schmaler, schwingender

Das Ende des Gartens, dahinter beginnt der Wald.

Weg in den hinteren Gartenteil. Wie in einem Zauberwald sollte man öfter stehen bleiben und gut nach rechts und links, oben und unten sehen, wenn man die *Bewohner* entdecken will.

Die Statue *Das Mädel* ist ebenfalls aus Gussbeton und steht auf einem Sockel aus Yton-Steinen. Das Material kann leicht bearbeitet werden, indem man beispielsweise mit einer Raspel die Kanten abrundet, verwittert sehr schön und wirkt organisch. Im Sommer ist die Figur nicht mehr zu sehen.

Hinter dem Haus kann man an einem kleinen Beet mit Farnen beispielhaft nachvollziehen, welche Überlegungen sich Oliver Bathe beim Kombinieren von Gegenständen und Pflanzen macht. Hier stehen ein, zwei Setzlinge, die erst mal stehen bleiben dürfen, aber inzwischen immer wieder zurechtgestutzt werden.

Zusammen mit den anfangs noch aufrecht ragenden Farn-

wedeln und dem kantigen Stein bilden sie senkrechte Linien. Diese werden unterbrochen durch drei Kugeln, die zwischen den Farnen auf dem Boden liegen. Die Gegensätzlichkeit zwischen Stein und Farnen ist vollkommen: Der Stein kantig, schroff, hart, schwer, glänzend, die Farne rund, lieblich, weich, leicht und matt. Im Sommer leiden die Farne unter der Trockenheit, dann passen sie sich farblich an den Stein an.

Der Wohnzimmeranbau, um den das Haus erweitert wurde, bietet durch bodentiefe Fenster auch bei schlechtem Wetter einen guten Blick in den Garten, der gar nicht zu enden scheint, weil die Gehölze der umliegenden Grundstücke optisch einbezogen sind. Links sieht man einen runden, gepflasterten Sitzplatz unter einem Dach aus einem mit wildem Wein bewachsenen, großen Buchsbaum. Rechts davon erreicht man über einen schmalen Weg und zwei Stufen die Rasenfläche. An dieser Stelle gibt es – über

Reste eines Birkenstamms dekorativ eingebunden

Wilder Wein in der Konifere

den ganzen Tag gerechnet – die meisten Sonnenstunden, allerdings müsste man beim Sonnenbaden ständig mit der Liege umziehen. Aufgrund der leicht erhöhten Beete ringsherum macht dieser Bereich einen sehr geschützten Eindruck.

Der Weg führt weiter zwischen Pflanzflächen hindurch, öffnet und gabelt sich, und es entsteht ein kleiner, in Kreisen gepflasterter Platz, auf dem ganzjährig ein Kübel mit einer Konifere steht.

Hier grünt eine zufällig in einer Baumschule entdeckte Hängeweide. Sie wirkt mit ihren hellen, filigranen und beweglichen Blättern in diesem Garten fast exotisch, ihr Höhenwachstum ist langsam, von unten wird sie so beschnitten, dass man gut darunter hindurchgehen kann, aber ihr Dach wird immer breiter. »Entscheidend ist hier das Waagerechte zwischen all den Senkrechten.«

Spätestens an der Weggabelung hört man Wasser rauschen.

Wählt man den Pfad rechts, steht man irgendwann vor einem bepflanzten Hügel. Man hört einen Wasserfall, kann ihn aber nicht sehen. »Auf den Hügel darf man nur für gartenpflegerische Tätigkeiten, der Gast sollte hier umkehren!«

Also geht man zurück und wählt diesmal den linken Weg, der zunächst im Wald zu enden scheint, tatsächlich aber über eine Holzbrücke hinter den Teich führt.

Der Teich

Der Teich ist jetzt sieben Jahre alt. Voraussetzung war, dass Pauline, heute elf, schwimmen konnte und so machte sie schon früh das Seepferdchenabzeichen.

Oliver Bathe stellte folgende Anforderungen an diesen Teil des Gartens: Passend zur Umgebung sollte ein natürlich wirkender Teich mit Brücke und Wasserfall entstehen, an dem etwa sechs Personen überdacht und nah am Wasser sitzen konnten. Für Pauline und ihre Freunde war ein

Der Wasserfall belebt und beruhigt gleichzeitig.

Kinderspiel-Bereich vorgesehen. Auf diesem Grundstücksteil standen ein Walnussbaum, ein Gewächshaus, eine Kompostanlage aus Beton und natürlich mehrere Kiefern. Die Bäume bestimmten die Form des Teiches, es sollten keine Äste unmittelbar über dem Wasser hängen. Geplant war zunächst ein runder Pavillon. Stattdessen wurde das alte Gewächshaus umgebaut, das Glas herausgeschnitten, die Vorderseite entfernt, der Boden gefliest, ein neues Dach darauf gebaut. Der etwas tiefer liegende Sitzplatz ragt teilweise über die Wasserfläche.

Die Kompostanlage, ein Teil des Teich-Aushubs und drei Kubikmeter Beton bilden die Basis für den Hügel, von dem heute der Wasserfall rauscht. Die Natursteinmauern wurden von einem Fachmann gesetzt. »Ich hätte nicht gewusst, dass hinter jeder Stufe des Wasserfalls ein kleines Staubecken angelegt werden muss und die senkrechten Steine einen ganz glatten Rand haben müssen, um diesen Vorhang-Effekt zu erzielen.«

Bezüglich der Auskleidung des maximal 1,10 Meter tiefen Teichs wurden Fachbücher zu Rate gezogen. Auf den sandigen Untergrund kam ein Vlies, das die darauf liegende, einen Millimeter dicke Kautschuk-Folie auch vor Wurzeln schützen soll. Die oberste Schicht besteht aus dunkelgrünen Bahnen filzartigen Materials, auf dem Sand und Erde liegen bleiben und an dessen Rand sich relativ schnell Moos bildet. »Das wirkte von Anfang an natürlich, glänzt nicht und ist lebendiger als die schwarze Teichfolie, die so zudem vor der UV-Strahlung geschützt ist.«

Der Flachwasserbereich, in dem Pauline und ihre Freunde gerne spielten, ist durch große Gletschersteine von den tieferen Zonen getrennt und heute mit Rohrkolben bewachsen.

Das Teichwasser kommt aus einem Brunnen und ist eisenhaltig. Trotzdem ist es, abgesehen von einigen Fadenalgen, sehr klar. Nur im Frühjahr wird das Wasser von den hineingewehten Blättern und Nadeln zu stark gedüngt, aber

Auf dem Rückweg zum Haus bietet sich ein ganz anderer Blick.

Farbige Glasobjekte fangen das Sonnenlicht ein.

maximal zwei Wochen nachdem sie entfernt wurden, ist das Gleichgewicht wieder hergestellt. Dazu trägt die Wasserfall-Pumpe bei und das regelmäßige Entfernen der Biomasse. Ob der kleine Reinigungsteich links von der Brücke eine wesentliche Rolle spielt, ist fraglich. Er ist durch unter der Brücke liegende Rohre mit dem großen Teich verbunden und sollte mit vielen, Sauerstoff produzierenden Pflanzen die Wasserqualität verbessern. Wie sich herausstellte, ist er zu tief und die Wände zu steil, die Pflanzen gingen schon im ersten Winter ein. Aber offensichtlich war dieser Aufwand sowieso unnötig.

Der Sitzplatz vor dem Pavillon und die Brücke bestehen aus einbetonierten Aluminium-Konstruktionen und Lärchenholz. Das war nicht die preisgünstigste Lösung, hat sich aber gut bewährt.

»Wenn man sich abends am Teich von der getanen Arbeit ausruht, werden die Kiefernstämme von der Sonne schön rötlich angeleuchtet.«

Zukunftspläne

»Wenn es nach mir ginge, würde ich noch etwa drei Kiefern wegnehmen. Ansonsten ist das, so wie er ist, mein Garten. Das einzige, worüber ich mich ärgere, ist das Fegen der Nadeln. An den ungefähr 15 Tagen, die ich dafür jährlich brauche, würde ich lieber etwas anderes machen. Wenn der Garten größer wäre und mehr Sonnenflächen hätte, würde ich dort Bäume und Sträucher pflanzen, die hellgrün oder rot austreiben und dann auch die Farben behielten, weil sie genug Licht hätten. Auch sonnenliebende Gräser wären spannend. Oder einen Amberbaum, der immer als im Herbst herrlich leuchtend beschrieben wird. Meiner ist – bis auf die Spitze – nicht herrlich in den Herbstfarben, auch die Blätter von Essigbaum und Japanischem Ahorn werden im Herbst bloß gelb. Nur der wilde Wein kann den Schatten ab, der wird schön rot.

Vielleicht würde ich den Teich erweitern und dann würde auch die gelbe Seerose blühen.«

Zweckentfremdete Weihnachtsdekoration

Die Kontraste machen diese Kombination so reizvoll.

Pauline

Was Pauline gefällt? Im Garten barfuß laufen, der Hochsitz, das Trampolin und die vier Kaninchen. Am schönsten war es, als die Kaninchen noch aus ihrem Auslauf entwischen konnten und der Vater mit dem Wäschekorb hinter ihnen her rannte, um sie wieder einzufangen. In der Nähe des Klettergerüsts hat Pauline ihr eigenes Beet, um das sie sich ab und zu mal kümmert.

Leider sind im Rasen oft Kienäpfel, das ist nicht so angenehm für die nackten Füße, und dann hat ihr Vater auch noch angefangen, Steine zu legen, wo kein Rasen wächst. Sie hätte gerne eine weichere und größere Wiese zum Fußballspielen:

»Man kann sich ja kaum bewegen, überall stehen Skulpturen und Kunst, nichts darf umfallen, oder es könnte was abbrechen …«

»Stimmt, es ist kein Spielgarten.«

»Und Du nimmst immer mehr Rasen weg für Pflanzen.«

»Nur ganz selten, wenn ich eine gute Idee habe. Du könntest ja auch mal wieder schaukeln.«

»Die Schaukel ist voll eklig, da kann ich nicht mehr hochklettern, weil Du da Sachen dran hochwachsen lässt.«

»Ja, eine wunderschöne Wildclematis, wilder Wein, das sieht doch sehr hübsch aus! Außerdem, Du schaukelst ja schon seit Jahren nicht mehr.«

»Ja, warum wohl?«

Öffnungszeiten

Die Öffnungszeiten dieses Gartens werden publiziert unter:
www.urania-potsdam.de oder
www.offene-gaerten-berlin-umland.de

Außerdem ist es möglich, individuelle Termine zu vereinbaren unter Oliver.Bathe@arcor.de oder 03 32 00-8 53 56.

Geniales Chaos

Zwei ältere Herren realisieren in Falkensee auf sehr unkonventionelle Art ihre Jugendträume: Pflanzen entdecken, sie sammeln, kombinieren – und darüber diskutieren.

Falkensee liegt ein paar Kilometer nordwestlich von Berlin. Auf dem Weg zum Besuch eines Offenen Gartens fiel uns zufällig ein Vorgarten auf, und wir überlegten einen Moment, ob sich hier ein Gartenanfänger austobt oder ein Genie am Werke ist.

Wir kamen zu dem Schluss, dass viel Erfahrung und Kenntnis notwendig ist, diese scheinbare Zwanglosigkeit zu schaffen und zu erhalten. Es stellte sich heraus, dass hier zwei ältere Herren um die 70 auf sehr individuelle Art ihre unterschiedlichen Gartenideen verwirklichen, frei nach dem Motto: »Wir streiten uns erst mal darüber, wie was gemacht werden soll, und dann macht jeder, was er will.«

Rolf Fiedler hat schon seit 40 Jahren einen Hausgarten im Süden von Berlin und seit langem einen guten Namen in der Welt der Fuchsien-Liebhaber. Im September 2007 hörte er bei einem Treffen mit Fuchsien-Freunden von diesem 2000 Quadratmeter großen, verlassenen Grundstück und entschied sich innerhalb von Stunden zum Kauf. Seitdem verbringt er jede freie Minute hier, wenn das Wetter, die Gesundheit und die Arbeit es erlauben.

Nicht jeder versteht, dass er mit der Renovierung des Holzhauses erst beginnen will, wenn der Garten fertig ist – und wann ist ein Garten schon fertig? Erhard Blesing unterstützt ihn, dabei immer tiefstapelnd, er ziehe hier nur Unkraut. Um hier Unkraut und Kraut unterscheiden zu können, bedarf es schon fundierter Kenntnisse. Tatsächlich ist die gemeinsame Absicht, in Büchern, Zeitschriften und besuchten Gärten entdeckte Pflanzkombinationen nachzustellen.

Ein kurzer Gang durch den Garten

Am Anfang des länglichen Grundstücks befindet sich eine zwei Meter hohe Düne aus märkischem Sand, der sehr stark verdichtet war. Im südlich ausgerichteten Vorgarten wurden hauptsächlich Pflanzen verwendet, die Trockenheit und arme Böden vertragen.

Der Weg rechts am Haus vorbei führt durch ein Spalier mit Kletterrosen wie *Ayrshire Queen, Golden Climber, Bobby James, Paul's Scarlet Climber, Super Dorothy, Albertine, Santana, New Dawn* und mediterranen Kübelpflanzen: Bleiwurz, Bougainvillea, Schönmalve in verschiedenen Farben, Hibiscus *Brasilia*, Orangenblume, außerdem Staudenclematis und Fuchsien. Von oben überblickt man das gesamte hintere Grundstück.
Durch die aus dem Berliner Garten übersiedelten älteren Gewächse und die vorhandenen Bäume wirkt der Garten viel älter als er tatsächlich ist.

Vom Haus aus kann man über die Trittsteine den mit Sträuchern und Stauden bepflanzten Hang hinabsteigen, entlang einem mehrstufigen Wasserfall zum Teich. Links davon befindet sich ein einfaches Gewächshaus und dahinter der *Versteckte Garten,* dessen Begrenzung aus Fuchsien besteht. Dann folgt ein Pavillon und am Ende der Kompostbereich. Den mittleren Teil hinter dem Teich bildet eine ausgedehnte Fläche mit einer Vielzahl einjähriger Sommerblumen und Stauden, davon viele dankbar empfangene Geschenke der Nachbarn. Die gesamte rechte Seite des Gartens nimmt eine 2,5 Meter tiefe Rabatte ein. Das oberste Gebot für den Besucher dieses Gartens ist: gut hinsehen! Auf den ersten Blick wirkt die Ansammlung von Pflanzen aller Art eher zufällig. Tatsächlich

Erhard Blesing sorgt für den theoretischen Überbau.

Rolf Fiedler mit einer seiner extrem großen Fuchsien

gibt es kaum definierte Wege, nur ein paar Trittsteine und die sich im Lauf des Jahres verändernden Trampelpfade. Dann entdeckt man Systeme, wie den Rhythmus der in regelmäßigen Abständen wiederkehrenden dunkelroten Blattfarben.

Oder, dass bestimmte Pflanzen wie japanische Ahorne und Funkien zwar über den ganzen Garten verteilt sind, aber an einer Stelle gehäuft auftreten. Alle Gärtner wissen, dass sich manchmal spontan oder versehentlich Kombinationen ergeben, die ungewöhnlich und sehr wirkungsvoll sind. Hier tritt dieses Phänomen so häufig auf, dass das einfach kein Zufall sein kann.

»Ein erfülltes Leben ist ein im reifen Alter verwirklichter Jugendtraum.« Alfred de Vigny
In diesem Fall haben sich sogar zwei Träume erfüllt. Rolf Fiedler hatte sich immer schon ein großes Grundstück gewünscht, mit einem freistehenden Haus und ge-

nug Platz, seine Gartenvisionen zu realisieren. Zunächst mussten viele Widerstände überwunden werden: Frau Fiedler machte gerade Urlaub, als ihr Mann das Grundstück entdeckte, und war zunächst überhaupt nicht begeistert. Auch die Nachbarn warnten: »Sie können Ihren Jugendtraum besser Jugendtraum bleiben lassen. Mit diesem Grundstück werden Sie Ihres Lebens nicht mehr froh. Hier wächst nichts!«

Sein Freund Blesing wollte eigentlich nach der achten Klasse von der Schule abgehen, um Gärtner zu werden. Dann wurde eine Gelb-Grün-Schwäche festgestellt, also blieb er und lernte weiter. Dennoch war er zunächst entschieden gegen den Garten: »Ich hielt es damals nicht für sinnvoll, uns in dem Alter noch mit so viel Arbeit zu belasten.« Kennen gelernt hatte er Herrn Fiedler als Kunde in dessen Friseursalon; jahrelang hatten sie zusammen die neuen Bundesländer erwandert.

Vor dem Schatten der Bäume wirken die hellen Blüten besonders strahlend.

Aber Rolf Fiedler hatte das Potential des Grundstücks erkannt und ließ sich nicht von seinem Plan abbringen: »Ich gebe nicht viel Geld aus für Reisen, Auto oder so. Aber ein Grundsstück, also eigentlich auf meinem Geld rumlaufen, das ist etwas anderes.«

Vorbereitungen

Auch in der Folgezeit wurden die Erwartungen der Nachbarn nicht erfüllt: das alte Holzhaus blieb stehen, wurde nicht frisch gestrichen. »Wir finden den Charme des Verfalls interessanter.« Die Düne wurde nicht abgetragen und das Grundstück nicht nivelliert, es wurden keine Pläne auf Millimeterpapier gezeichnet und keine Wege angelegt.

»Der Garten hatte jahrzehntelang brach gelegen. Zuerst haben wir alles gerodet, die Pfeifensträucher, die bis zu sechs Meter Durchmesser hatten, eine Wildrose, die sowieso nicht blühte, und viele Brombeersträucher, der

ganze Hang war mit wilden Erdbeeren bedeckt. Alles wurde bis zum Boden heruntergeschnitten und dann die Wurzeln herausgerissen. Nur den Pfeifenstrauch zum Nachbarn haben wir stehen lassen. Dabei fanden wir überall Bauschutt, Perlonstrümpfe, Schuhe, Ofenrohre, eine Couch samt rostiger Federn, alles war hier abgelegt worden, sogar ein Mixer mit Kabel. Zunächst sah es sehr kahl aus, aber inzwischen ist alles viel dichter zugewachsen als vorher.«

Dann konnten Pflanzen, die im Berliner Garten keinen angemessenen Platz mehr hatten, hierher umziehen. Teiche und kleine Wasserfälle wurden angelegt, Ahorne, Lerchensporne und die Farne gepflanzt. In eine große Fläche in der Mitte wurde zunächst eine einjährige Wiesenblumenmischung gesät, überwiegend Margeriten, Kornblumen, Kornrade, Klatschmohn und viele Vergissmeinnicht. Die Fuchsien und Kübelpflanzen überwintern zum Teil in Berlin und werden nach den Eisheiligen hierher geschafft.

Links der von Fuchsien begrenzte *Versteckte Garten*

Margerite und Lupine vor einem bonbonfarbenen Ahorn

»Wir haben viele Gartenbücher gekauft und studiert und daran unseren Geschmack entwickelt. Vorher wussten wir ja gar nicht, was für Pflanzen es überhaupt gibt! Die Pflanzenkombinationen von Oudolf und Sackville-West haben uns besonders angesprochen, und daran haben wir uns hauptsächlich orientiert.«

Dabei ist Erhard Blesing eher der Intellektuelle, der mit 65 noch eine Fremdsprache lernt, sich dem Garten über Bücher nähert, sich die lateinische Terminologie aneignet und für die erstrebten Kompositionen gezielt spezielle Pflanzen im Fachhandel sucht.

Rolf Fiedler sieht sich mehr als Gartenkünstler, Sammler und Jäger; er geht intuitiv vor und ist in Baumärkten, auf Pflanzenbörsen, in Samenhandlungen und Katalogen unermüdlich auf der Suche nach interessanten oder seltenen Pflanzen.

»Vor meinem geistigen Auge gibt es bereits ein Bild, das muss man nur noch realisieren. So sehe ich auch die Wege zwischen den Pflanzen, die für andere noch nicht sichtbar sind, und weiß im Frühjahr schon, wie der Garten im Laufe des Jahres aussehen wird.

Ich trage immer eine Tüte bei mir, falls ich unterwegs irgendwo Samen sehe. Die werden dann im Garten willkürlich auf die Erde gestreut, und wir warten ab, was herauskommt.«

Eine Philosophie des Düngens
Um die Bedürfnisse der Pflanzen besser kennen zu lernen und gute Resultate zu erzielen, werden verschiedene Quellen herangezogen; neben Büchern und Zeitschriften kann Rolf Fiedler auf die Unterstützung mehrerer Kunden zurückgreifen, die selbst Gärtner sind, unter anderem im Botanischen Garten in Berlin.

Montbretien werden in diesem Garten 20–30 Zentimeter tief gepflanzt.

Bodenstruktur

»Unser Garten hat einen reinen Sandboden, aus dem die Nährstoffe wie bei einem groben Sieb ständig durch den Regen ausgeschwemmt werden. Wir arbeiten jedes Jahr 200 Gramm Tonmehl pro Quadratmeter in den Boden ein, dadurch werden die Zwischenräume, also die Öffnungen des Siebes, verkleinert.

Anfangs habe ich Kompost mitgebracht, der enthielt Regenwürmer und Kellerasseln, die sich inzwischen gut vermehrt haben. Aus abgestorbenem Holz und Blattabfällen bereiten sie Humus, den sie wiederum mit dem Lehm verbinden.«

Nährstoffe

»Humus bindet zwar die Feuchtigkeit, enthält aber selbst keine Nährstoffe, wie man an den Torfmooren sieht; reiner Humus, aber es wächst nichts. Zusätzlich brauchen die Pflanzen Kali, Stickstoff und Phosphor. Wenn eines der drei Elemente im Boden fehlt, nutzen die beiden anderen auch nichts. Es gibt aber keinen Universaldünger, man muss immer überlegen, welche Bedürfnisse eine bestimmte Pflanze hat. Wir haben fünf Säcke à 25 Kilo mit verschiedenen Düngermischungen im Garten, Kombinationen von biologischem und Kunstdünger. Der Kunstdünger bringt zwar schnelle Resultate, verbraucht sich aber auch rasch und ist schlecht für die Bodenlebewesen, wodurch der Boden verarmt. Biologische Dünger wie Guano, Horn- oder Knochenmehl regen die Bodenlebewesen an und wirken länger.

Flüssiger Dünger wird sofort aufgenommen, ist aber nach zwei Wochen verbraucht. Wenn sich im Lauf der Zeit durch die Kombination von Lehm, Humus und Dünger die Bodengare, das Ackergold gebildet hat, reicht es aus, nur noch mit Kompost zu düngen.

Wir bringen den Dünger im Januar auf dem Schnee

Der Hang hinter dem Haus

Unter dem Baumstumpf wohnt eine Blindschleiche.

aus, bei der Schmelze wird er dann in den Boden eingeschleust. Früher hat man das im Herbst gemacht, aber der Stickstoff wird im Lauf des Winters ausgewaschen.«

Kalk
»Kalk ist auch wichtig, er verstärkt die Struktur der Pflanzen, sodass sie nicht so leicht umfallen. Zwischen Kalken und Düngen muss aber einige Zeit vergehen, da der Kalk die Wirkung des Düngers zu sehr verstärkt, und die Pflanze kann dann verbrennen. Kalk gibt man meistens im Herbst, um beispielsweise die Gerbsäure der abgefallenen Blätter zu kompensieren.«

pH-Wert
»Sandiger Boden ist sauer, Birkenlaub ist auch sauer. Wenn man dann nichts unternimmt, versauert der Boden zunehmend, und viele Pflanzen können nicht mehr wachsen. Astern beispielsweise wollen viel Kalk.

Um den pH-Wert um einen Punkt zu erhöhen, muss man je nach Bodenart ca. 360 Gramm Kalk auf den Quadratmeter aufbringen.

Die einzige Ausnahme sind Moorbeetpflanzen wie Rhododendron oder Hortensien, für die ist Kalk Gift. Wenn früher der Bauer gekalkt hat, sagte man immer: ›Kalk macht den Bauern reich und den Sohn arm.‹ Damals hatte man ja noch keinen Kunstdünger, und durch den Kalk hat die Pflanze die gesamten Nährstoffe aus dem Boden genommen.«

Hoher oder niedriger Nährstoffbedarf
»Die Düngung muss auf jede Pflanze genau abgestimmt werden. Farne z.B. haben keinen hohen Nährstoffbedarf, die sind mit Knochenmehl zufrieden. Fuchsien dagegen benötigen im Frühjahr viel Stickstoff, damit sie Blätter und Stiele machen, und zum Blühen muss man Phosphor geben. Nach neuesten Erkenntnissen

Die Lupine gibt dem Bild Halt.

brauchen sie aber weniger Phosphor, als man früher glaubte, dafür mehr Kali. Wenn man aber zu viel Kali gibt, wird der Stickstoff gebunden, und die Pflanze hört auf, zu wachsen. Kali ist zwar wichtig für die Winterhärte, aber alle Blüten werden rot, das heißt die Zwischentöne verschwinden.

Moorbeetpflanzen wollen sauren Dünger haben, Eriken nur sauren Dünger praktisch ohne Stickstoff, die brauchen Phosphor-Kali-Dünger für den Blütenansatz, sonst blühen sie gar nicht. Eine unserer Christrosen hat zehn Jahre nicht geblüht. Dann riet mir der Gärtner: ›Versuchen Sie es mal mit Kali.‹ Gesagt, getan, und in dem Jahr hat sie zum ersten Mal geblüht!«

Quintessenz
»Je mehr man über das Düngen liest, umso mehr wird man verunsichert, am Schluss weiß man gar nicht mehr, was man machen soll. Jedenfalls wirkt Dünger nur, wenn er ausgewogen gegeben wird; einseitige Düngung hat gar keinen Effekt. Es hilft auch zu wissen, wo eine Pflanze heimisch ist, damit man ihr im Garten die gleichen Bedingungen bieten kann, und dabei ist Dünger unverzichtbar, vor allem für Sandböden.«

Überlegungen für die nächste Saison
Die Erfahrungen dieses Gartenjahres fließen schon im Sommer in Überlegungen für das folgende ein. Beispielsweise wurden Phloxe und niedrigere Sonnenblumen in der Mitte des Sommerblumenfelds von den höheren Stauden verdeckt. Sie werden im Herbst herausgenommen und eingepflanzt, wo sie sich besser entwickeln können.

Weitere Blütenstauden wie Phloxe und Lupinen werden dieses Jahr vorgezogen und sollen sich im nächsten als farblich aufeinander abgestimmte Pflanzengruppen

Blaue Prärielilie und Tulpe *Maureen*

Die Montana-Funkie *On Stage* benötigt viel Sonne.

in regelmäßigen Abständen wiederholen. Der Vorgarten wird mit hunderten Wildtulpen-Zwiebeln bestückt. Durch die Blätter der Seerosen kann sich der Himmel nicht mehr im Wasser spiegeln, also müssen die Pflanzen geteilt werden.

Manche Stauden wie Sonnenblumen oder Lerchensporn haben sich zu stark entwickelt und müssen dezimiert werden.

Hostas

Die Anzahl der Hostas und ihrer Sammler nimmt ständig zu, Herr Fiedler ist einer von ihnen:

»In meinem Berliner Garten waren über 1000 Fuchsien, deren Töpfe ich hinter den Hostas verstecken wollte. Sobald es die englischsprachigen Bücher über Hostas auf Deutsch gab, habe ich sie gekauft und die Pflanzen danach ausgewählt. Irgendwann waren sie für den 700 Quadratmeter großen Garten zu massiv, und ich habe sie hierher gebracht.

Die Sagae ist meine schönste Hosta. Ich habe sie mehrfach geteilt, weil man das einzelne Blatt viel besser sieht, wenn die Pflanze nicht so groß ist. Sie sieht am schönsten aus in einem jadegrün glasierten Kübel, der die Farbe des Blatts wiederholt.«

Hostas gibt es in vielen Größen, Farbschattierungen und Mustern, Texturen, Strukturen, Blütenfarben und inzwischen sogar mit duftenden Blüten. Die meisten wollen im Schatten stehen, vertragen aber auch Sonne, wenn sie genug Wasser bekommen. Abhängig vom Standort können sich viele Eigenschaften derselben Varietät stark unterscheiden. An die richtige Stelle gepflanzt hat sie eigentlich nur einen Nachteil – auch die Schnecken lieben sie!

Da sich diese Pflanzengruppe im Frühjahr erst recht spät zeigt, können leicht Verluste auftreten. Deshalb sollten die kleineren Exemplare im Herbst in Töpfe ge-

Im Juni kann man den Teich vom Hügel aus noch sehen.

pflanzt und um die größeren eine so große Fläche mit Mulch gelegt werden, wie sie die Pflanze voraussichtlich im Laufe der nächsten Gartensaison bedecken wird. Nach einigen Jahren sollen die Hostas so groß sein, dass sie viel Bodenfläche bedecken und das Unkraut unterdrücken.

Japanischer Schlitzahorn
»Wir haben ungefähr 30 japanische Ahorne. Diese Pflanzen sind sehr empfindlich, sie wollen in jungfräulichen Boden. Am besten nimmt man die Erde von Maulwurfshügeln, die kommt aus 30 cm Tiefe, ist unkrautfrei und lehmhaltig, dazu mischt man Torf, für den richtigen pH-Wert.«

Die Zusammenarbeit
Erhard Blesing arbeitet am liebsten im Garten, wenn sein Freund nicht da ist, weil er dann seinem eigenen Rhythmus folgen kann: »Mein Prinzip ist, systematisch von hinten nach vorne zu arbeiten, sonst sieht man in

dem Garten keine Sonne. Ich war früher Beamter, und mein Freund ist eher der Künstlertyp, also völlig konträr. In meiner Ausbildung habe ich gelernt: Routine ist langweilig, aber effektiv, und meine Erfahrung ist, dass das stimmt.

2008 hatte ich noch ein schönes, normales Leben, habe meine Wanderungen gemacht, hab hier nur zwei- bis dreimal in der Woche geholfen. 2009 wurde Herr Fiedler sehr krank und hatte einen längeren Krankenhausaufenthalt, seitdem habe ich hier einen Fulltimejob. Eigentlich wollte ich keinen Handschlag im Garten machen, und manchmal wird es mir schon zuviel. Andererseits tut mir die Bewegung gut, besser als Gymnastik. Ich kann keine Pausen machen, ich arbeite durch. Deshalb bin ich hier lieber alleine, von acht bis drei Uhr, das ist für mein Alter ein ganz schöner Arbeitstag. Mein Freund arbeitet vormittags in Berlin, kommt um drei

Die Vielzahl der Pflanzen und überraschenden Kombinationen nimmt fast kein Ende.

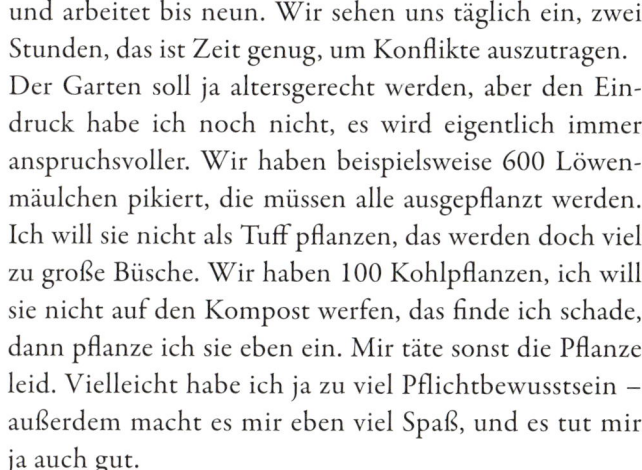

Mit Fuchsien fing alles an.

Ein Bild voller Kontraste und Wiederholungen

und arbeitet bis neun. Wir sehen uns täglich ein, zwei Stunden, das ist Zeit genug, um Konflikte auszutragen. Der Garten soll ja altersgerecht werden, aber den Eindruck habe ich noch nicht, es wird eigentlich immer anspruchsvoller. Wir haben beispielsweise 600 Löwenmäulchen pikiert, die müssen alle ausgepflanzt werden. Ich will sie nicht als Tuff pflanzen, das werden doch viel zu große Büsche. Wir haben 100 Kohlpflanzen, ich will sie nicht auf den Kompost werfen, das finde ich schade, dann pflanze ich sie eben ein. Mir täte sonst die Pflanze leid. Vielleicht habe ich ja zu viel Pflichtbewusstsein – außerdem macht es mir eben viel Spaß, und es tut mir ja auch gut.

Als Kind habe ich mit meinem Großvater im Garten gearbeitet, daran habe ich gute Erinnerungen. Die lateinischen Namen zu lernen, ist auch ein gutes Gehirntraining.

Außerdem kann ich mich nirgends so gut entspannen, wie bei der Gartenarbeit, man denkt an nichts anderes. Und einem älteren Menschen gibt der Garten auch einen Anteil an der Zukunft: Ich kann ja nicht so bald sterben, wenn ich pflanze und sehen will, wie es wächst.«
Rolf Fiedler: »Jemand hat mal gesagt, man soll den Gärtner, der sich im Garten abplagt und müht, nicht bedauern, weil der nämlich völlig entspannt und mit sich und seiner Umwelt im Reinen ist.«

Öffnungszeiten

Für diesen Garten können von März bis November individuelle Termine für maximal fünf Personen gleichzeitig telefonisch vereinbart werden unter:
030-741 48 68 oder 030-261 39 93
Postadresse:
Rolf Fiedler, Hochfeilerweg 40, 12107 Berlin

Ein blühender Waldgarten

Wie von selbst entstanden wirkt der Teich in der Lichtung, dabei muss Irene Bose
in Berlin-Frohnau viele Schwierigkeiten überwinden, um es allen Pflanzen recht zu machen.

»Massiven Widerstand gibt es auch gegen den Bau der Autobahn A 111 durch den Tegeler Forst. 60 000 Bäume sollen fallen, Naturschutzverbände überziehen den Senat mit Klagen. Demonstranten bauen ein Hüttendorf. Als Waldarbeiter im Februar 1986 die Säge ansetzen, müssen sie durch ein Polizeiaufgebot geschützt werden. Die Arbeit der *Bürgerinitiative Autobahn Tegel* bewirkt, dass durch das Waldgebiet nur eine kurvenreiche *Bundesfernstraße* gebaut wird.«[1]

1986 ist West-Berlin noch eine Insel mit sehr wenigen Naherholungsgebieten wie dem Tegeler Forst. Der Stadtteil Frohnau ist jwd, *janz weit draußen* im Norden, direkt an der Grenze zur DDR. An den Wochenenden kommen die Familien *aus der Stadt* hierher, um ihren Kindern zu zeigen, wie ein von Wald umgebenes *Dorf* aussieht. Jedes Stückchen Natur ist kostbar, und jeder Baum muss geschützt werden. Wahrscheinlich ist das eine Erklärung dafür, dass den alten Bäumen in den ehemals Westberliner Wohngebieten heute noch so viel Respekt gezollt wird.

Frohnau wurde 1910 als Siedlung gegründet, die sich an der entstehenden Gartenstadtbewegung orientierte und 1920 in die Großgemeinde Berlin eingegliedert wurde. Irene Bose wohnt seit 1989 hier, eigentlich immer noch mitten im Wald, und der prägt auch den Charakter des 1328 Quadratmeter großen Grundstücks. Die ruhige Wohnstraße und den nur circa sieben Meter tiefen Vorgarten in Nordlage trennen die unterschiedlichsten Sträucher, von denen fast immer einer blüht. Er ist zwanglos strukturiert, aber nicht streng gestaltet und duftet nach Kiefernwald. Der Weg führt zwischen hell blühenden Pflanzen am Haus entlang: Sternmagnolie, Kolkwitzie, die perlmuttfarbene Strauchpfingstrose *Helen Martin,* Rhododendren, Hortensien *Annabelle* und *Viburnum waternabe.* »Er wird gut gefüttert und blüht fast durchgängig bis in den Herbst hinein mit seinen reizvollen, tellerförmigen Blüten.« Eiben, Aukuben und eine große Scheinzypresse sorgen für Wintergrün.

Eine Seite des Weges ist mit Falscher Alraunwurzel eingefasst, bodendeckenden Stauden, im Frühjahr mit kleinen, cremefarbenen Glockenblüten. Dahinter führt ein Band von sechzig weißen Fleißigen Lieschen um das Haus herum auf einen dunklen, abschüssigen Waldweg aus Rindenmulch. »Mein Haus ist umstanden von Eichen, Kiefern, Douglasien und Ahorn, so dass der gewünschte Waldcharakter im vorderen Bereich erhalten bleibt.«

Man erwartet nicht, dass unter den riesigen Bäumen links neben dem Haus noch viel wächst, aber da stehen Schaublatt, Maiglöckchen, Platterbsen und bringen Farbe in den Schatten. Wo es sehr mager und stark verwurzelt ist, kann Efeu ranken. Ist die Bodenstruktur besser, wird gleich viel mehr möglich: Liriope, Aronstab, Christophskraut, Scheinhortensie, Septembersilberkerzen und Taubnessel kommen gut zurecht, und alles wirkt ganz natürlich.

»Farne tun sich in diesem Bereich eigentlich schwer, aber da habe ich schlichtweg den Boden aufgebaut, so dass sie höher stehen. Eingefriedet ist das ganze mit Holz, so dass die Feuchtigkeit festgehalten wird und das Milieu für die Farne stimmt.«

Hinter dem Haus führt eine Treppe auf die Terrasse. Die einzelnen Bereiche dieses Gartens sind nicht scharf

Im Winter ist Zeit für ein anderes Hobby: Blumen malen.

Weiß hellt dunkle Ecken auf.

getrennt, haben aber deutlich unterschiedliche Stimmungen. Nach dem dunklen, kühlen und feuchten Wald ist es jetzt weit, hell und warm. Wasser scheint sich an der tiefsten und sonnigsten Stelle des Rasens gesammelt zu haben. An den Ufern haben sich Pflanzen angesiedelt, die in dem durch die Bäume gefilterten Licht fast unwirklich erscheinen.

Auf dem Weg durch diesen Garten trifft man immer wieder auf Pflanzen, die man entweder noch nie gesehen hat oder keinesfalls hier erwarten würde: zwischen Baumstämmen und typischen Waldpflanzen plötzlich Stauden und Sträucher, die die Sonne lieben, an der Grundstücksgrenze große Kamelienbüsche. Und dazwischen bewachsene Skulpturen, rostende Metallornamente, tönerne Häupter und unmittelbar hinter dem Haus eine alte Eiche, deren Wurzeln drei Meter unterhalb der Terrasse liegen.

Das alles ist natürlich keinesfalls so zufällig, wie es vielleicht zunächst wirkt. Es fing damit an, dass das bei den Ausschachtungsarbeiten für den Keller angefallene Erdreich (Sand!) verwendet wurde, um hinter dem Haus einen Hügel für die Terasse aufzuschütten. Der Bedarf war groß, denn das Grundstück weist erhebliche Niveauunterschiede auf, typisch für Frohnau mit seinen Dünen und dem dadurch abwechslungsreichen Charakter.

Direkt hinter dem geplanten Haus stand eine Eiche, von deren Überleben die Baugenehmigung abhing. Eine komplizierte Konstruktion aus Metallmanschetten sorgt seither dafür, dass der Stamm nicht mit dem Erdreich in Berührung kommt. Der Abstand zwischen Manschette und Baum war relativ groß und musste immer mit Gittern und Holz abgedeckt werden, damit er weder Kindern noch Tieren gefährlich wurde.
Nach dem Tod des Schwiegervaters 1990 zog die Familie

Vorgarten, Blick zum Ausgang

Uferbepflanzung mit Scheincalla, Sumpfdotterblume, Teichiris und Schachbrettblume

hier *heraus*. Erst 1998 begann Irene Bose intensiv damit, den Garten zu gestalten.

Das Gärtnern hat sie aus Zeitschriften und Büchern gelernt, sich aber auch von anderen Anlagen inspirieren lassen. »Man kann und will nicht alles, was man sieht, auch umsetzen, aber etliche Anregungen habe ich übernommen. Die besten Ideen kommen allerdings, wenn ich mich hier im Garten aufhalte.«

Und Ideen waren notwendig. Auf dem etwa drei Meter hohen, steilen Hang wuchsen lediglich ein paar verkahlte Koniferen. Insgesamt gab es 68 Bäume, von denen einige inzwischen nach Sturmschäden gefällt werden mussten. An der tiefsten Stelle stand eine verkrüppelte Eiche, die von der jüngeren Generation gerne als Kletterbaum genutzt wurde. Als der Baum vor neun Jahren herausgenommen werden musste, entstand

der ideale Platz für ein kleines Gewässer. »Den Teich habe ich selbst gebaut, und damit meine ich wirklich allein gebaut,« sie lacht, »... ich brauchte das.« Er ist 30 Quadratmeter groß und wirkt ganz besonders natürlich, weil auf die üblichen Lagen aus dickem Vlies und starker Folie eine Auskleidung mit einem Gemisch aus 80 % Sand und 20 % Lehm verteilt wurde.

Diese Schicht wird durch eine Ufermatte aus grünem Vlies mit rauer Oberfläche abgedeckt, die bis tief in den Teich gezogen wurde. Sie ist in der Rinne, die sich durch die Kapillarsperre ergibt, mit bepflanztem Erdreich befestigt. Das Vlies hält das Sand-Lehm-Gemisch fest und schützt die Folie vor UV-Strahlung und Eis.

Obwohl es keine Pumpe gibt und trotz der 70 bis 80 Goldfische ist der Teich noch nie umgekippt, da viele Sauerstoff bildende Wasserpflanzen wie Hornkraut,

Die Pfingstrosen haben es hier nicht leicht.

Ein kletternder Eisenhut wächst in das Metallobjekt.

Tannenwedel und Krebsschere die Nährstoffe binden. Durch hineingewehten Blütenstaub, Kiefernnadeln etc. wird das Wasser reichlich mit Nährstoffen versorgt, wachsen die Pflanzen sehr gut und ist das Wasser klar.

Die kleine Schattenterrasse rechts hinter dem Haus ist relativ neu. Der schräge Boden musste abgefangen werden, und da der Waldcharakter bleiben sollte, wurde ein zwei Meter langer Robinienstamm mit einer Astgabel als Stufe eingefügt.

Um den Sitzplatz herum entstand ein neues Beet, in dem sich das ganze Jahr über pastellfarbene Blüten zeigen: Glockenblumen, die kupferfarbene Pfingstrose *Nike,* Rhododendron, Trillium, Steinbrech, kleinblütiges Johanniskraut und zartgelbe Wolfsmilch.
Die Japananemone bildet im Herbst das Schlusslicht.

»Dazu Farne und Funkien, Blattschmuck ist ja auch immer wichtig.« In Irene Boses Garten gedeihen viele Pflanzen, die nicht freiwillig hierher in den Sand und Schatten gekommen wären. Dass die meisten trotzdem bleiben, liegt daran, dass für ihre Bedürfnisse Bedingungen geschaffen werden, die so gut wie nur eben möglich sind.

Um die richtige Umgebung für die siebzig verschiedenen Pfingstrosen herzustellen, wurde jeweils ein 60 Zentimeter tiefes und breites Pflanzloch ausgehoben und mit Spezialerde gemischt. Diese besteht aus eigenem Laubkompost, Lehm, Sand (je zu gleichen Teilen) und wird mit Rindermist und Hornspänen gedüngt. Wegen der Verbrennungsgefahr darf der Dünger die Wurzeln nicht unmittelbar berühren.
»Ich versuche, das optimale Wurzelbett herzustellen, sonst wäre es hier nicht so üppig.«

»Den Teich habe ich selbst gebaut, ... ich brauchte das.«

Rosen zwischen Mutterkraut, Storchenschnabel und Glockenblumen

Entsprechend verfährt Irene Bose zum Beispiel mit den Rosen. Gute Erfahrungen gemacht hat sie mit *Ghislaine de Féligonde, Tuscany, Ballerina, Lykkefund* und *Veilchenblau. Veilchenblau* wächst unter optimalen Bedingungen sehr schnell. »Hier dauert alles länger, aber sie lebt nicht schlecht, entwickelt sich Jahr für Jahr weiter. Natürlich wird sie nie die gleiche Fülle wie in einem Sonnengarten erreichen. Aber sie ist tapfer und erfreut uns.« Besondere Aufmerksamkeit bekommen die Kamelien, die fest eingepflanzt sind.

»Nach milden Wintern sind sie überwältigend schön.« Die letzten beiden Winter waren leider extrem lang und kalt. Darunter leiden die Pflanzen sehr, und nur große, starke Exemplare haben überlebt.
»Man muss sich überlegen, ob man den Aufwand wirklich betreiben will.« Einige Wochen Dunkelheit macht den Kamelien nicht viel aus, aber der Wurzelballen darf nicht durchfrieren. Im Herbst wird Laub auf die Wurzelballen gelegt und ein Vlies darübergegeben, damit die Blätter liegen bleiben, der Boden nicht austrocknet und besser vor Kälte geschützt ist. Um jede Pflanze herum werden Stöcke in den Boden gesteckt. Wenn es richtig kalt wird, ab minus 5 Grad, werden dicke Hanfmatten außen um die Stöcke herumgewickelt und darüber zeltförmige, mit einem Reißverschluss versehene Vliesmäntel gelegt. »Die Kamelien werden richtig eingemummelt, wie wir auch.«

Im März werden sie wieder ausgepackt. Ende März blühen sie schon, teilweise bis zu sechs Wochen lang. »Sie sind sehr schön, aber eben auch heikel, deshalb muss man sich in unseren Klimazonen schon genau überlegen, ob man sie sich in den Garten holt.«
Iris sind hier auch nicht leicht zu kultivieren, aber Iris ensata und sibirica machen sich sehr gut am Teichrand, Iris barbata auf dem Hügel, wo das Wasser gut abfließt.

Die *Tönernen Häupter* unterstreichen die märchenhafte Atmosphäre des Gartens.

Die Scheincalla fängt das Sonnenlicht ein.

Anlehnungsbedürftig? Schneeball und Pfingstrose

Die Lichtverhältnisse sind nicht optimal, trotzdem blühen sie, und das Blatt der Iris laevigata variegata ist ausgesprochen dekorativ.

Der Rasen bekommt ebenfalls eine Spezialbehandlung. »Auf dem Sandboden und im Schatten sah er sehr traurig aus. Da habe ich einen Kubikmeter Lehm anfahren lassen, die leicht feuchten Krumen auf dem Rasen ausgestreut und gleich etwas Rasensamen auf die kahlen Stellen gesät. Das Moos ist jetzt fast weg. Ich hoffe, dass die Grasmatte irgendwann dicht sein wird und damit auch der Pflegeaufwand geringer.«

Man sieht dem Garten an, dass Irene Bose bestimmte Sträucher besonders mag: Pfingstrosen, Schneeballsträucher und Hortensien.

»Erstaunlich, was so zusammenkommt. Man will hier und da eine Lücke füllen, sieht etwas Ausgefallenes wie eine Hortensie mit panaschierten Blättern, eine Eichen-

blatt- oder Samthortensie, dann wieder eine Pflanze, die einen farblich überwältigt, die ziehen dann alle in den Garten ein, und plötzlich sind es 32 Sträucher.«

Die Gattung des Schneeballs besteht aus etwa 150 Arten. Die meisten sind anspruchslos und wachsen in jedem Boden. Besonders dekorativ ist Viburnum plicatum *Mariesii,* »... überwältigend schön, mit den herrlichen Adlerschwingen. Aber die Ballform des Plicatum ist auch nicht zu verachten, weil er unwahrscheinlich lange blüht, obwohl er hier im Vollschatten steht.«

Als eine wunderschöne, riesige Kastanie auf dem Nachbargrundstück gefällt werden musste, änderten sich die Lichtverhältnisse, und viele Pflanzen, die vorher im Schatten standen, gedeihen seitdem besser.

»Die gefüllten Staudenpfingstrosen mögen es nicht beschattet, sie sind diesbezüglich ziemlich anspruchsvoll,

Pfingstrosen und Rhododendron

In unserem Klima sehr heikel: Kamelien

aber mit einfach blühenden Sorten wie *Gardenlace* und *Flame* hat man eigentlich immer Erfolg.«

Zu den Gestaltungsprinzipien des Gartens gehören Farbschemata. Im Frühjahr beispielsweise ist der größte Teil, bis auf den Bereich, in dem die Kamelien stehen, in Weiß, Blau und Gelb getaucht. Zum Nachbargrundstück hin kommt mehr Rosa ins Spiel, und beim Gartenhäuschen ist Weiß vorherrschend.

Weiß ist natürlich die wichtigste Blütenfarbe, es reflektiert noch die kleinste Menge Licht. Der weiße Silberling fühlte sich aber allzu wohl und war so dominant, dass er wieder weichen musste.

»Ich bin da aber nicht ganz konsequent. Wenn sich ein Fingerhut in einer anderen Farbe ansiedelt, darf er ein Jahr lang bleiben. Danach wird er entweder dahin gepflanzt, wo er farblich gut passt oder an den Rand des Gartens.« Wichtig ist auch, dass die Formen und Materialien natürlich sind. »Im Wald gibt es ja auch keine Ecken und Kanten, deshalb schwingt sich hier alles, ob das die Beete sind oder die Wege, weich durch. Das erzeugt Ruhe und Harmonie. Wenn man angespannt aus der Stadt kommt und dann mit einem Becher Tee durch den Garten geht, ist das Gleichgewicht schnell wieder hergestellt. Für mich ist das eine seiner wichtigsten Funktionen.«

In den Beeten entdeckt man alte Fragmente aus Holz, Stein oder Eisen, um die sich Kletterpflanzen ranken.

Auf dem Pflegeplan steht das ganze Jahr über: Nadeln und Laub entfernen.

Die Strauchpfingstrosen bekommen die größte Aufmerksamkeit. Alles, was geblüht hat, wird sofort abgeschnitten, denn die Pflanzen werden immer stärker und blühen im

Anemonen schmücken die Holzbank.

nächsten Jahr viel besser, wenn sie keinen Samen ansetzen. Im Frühjahr bekommen sie Kompost, nach der Blüte gibt es einen Universaldünger, und mit einer Portion Kalium-sulfat-Magnesium-Dünger im Spätsommer ist ihre *Fütterung* für das Jahr abgeschlossen.

Nach Bedarf und Zeit wird Pferdemist auf allen Beeten verteilt. Hortensien und Rhododendren erhalten Spezialdünger.
Im Herbst schneidet Irene Bose nur wenig ab. Das ist besser für Pflanzen und Tiere, sieht aber außerdem oft sehr schön aus, wenn sich Raureif gebildet hat oder Schnee gefallen ist. Nur von Glockenblumen und orientalischem Mohn sammelt sie die Samen ein und verteilt sie auf die Beete.
Wie würde wohl Irene Boses Wunschgarten aussehen? »Ich muss sagen, ich fühle mich in meinem Reich sehr

wohl. Andere Sehnsüchte habe ich nicht. Andere Gärten sehe ich mir gerne an und erfreue mich daran, aber wenn ich wieder in meinen Garten zurückkehre, fühle ich mich doch in dieser Atmosphäre am wohlsten ...

Das Einzige wäre, etwas mehr Wärme, um Gemüse ziehen zu können: Bohnen, ein Gewächshaus mit Tomaten. Es fehlen eigentlich nur 100 Quadratmeter in der Sonne.«

Öffnungszeiten
Die Öffnungszeiten dieses Gartens werden unter dem Namen Pupuce publiziert unter
www.urania-potsdam.de oder
www.offene-gaerten-berlin-umland.de

1 Tagesspiegel vom 24.05.2009

Malen mit Pflanzen

Jeder Teil des Gartens soll zu jeder Zeit des Jahres so schön sein, dass man ein Bild davon malen könnte – Gerd Habermann hat sich viel vorgenommen und ist manchmal schon fast zufrieden.

Geschichte

Als 1989 die Mauer geöffnet wurde, konnten die Bewohner West-Berlins wieder ins Umland reisen. Manche von ihnen machten sich auf die Suche nach Grundstücken, die früher ihren Großeltern gehört hatten. Bei der Rückübertragung der von DDR-Stellen vermieteten, verpachteten und teilweise auch verkauften Immobilien kam es zu vielen gerichtlichen Auseinandersetzungen und Enttäuschungen auf beiden Seiten.

Jutta Habermann hatte ein 1200 Quadratmeter großes Grundstück in Neuenhagen geerbt, einer kleinen *Gartenstadt* am östlichen Rand von Berlin. 1994 wurde die vordere Hälfte des Grundstücks gestaltet, die hintere war noch verpachtet. »Am Anfang gab es auf dem Grundstück noch kein Wasser, da sind wir jeden Abend mit Kanistern rausgefahren, um die Pflanzen zu gießen.« 1997 baute Gerd Habermann das selbst entworfene Haus in den Garten oder, wie ein Bekannter vermutete, »das Haus muss ja hier hereingehoben worden sein«, denn die Pflanzen hatten unter dem Bau nicht zu leiden. Als der Pächter 2000 das hintere Grundstück verlassen hatte, konnte der Garten in seiner heutigen Form entstehen. Anfangs war das Grundstück so verwildert, dass die Tischbeine in Wassergefäße gestellt werden mussten, um die Ameisen von den Speisen fernzuhalten. Von den vorhandenen Gewächsen konnten nur ein Nussbaum, ein Kirschbaum und ein Teil der Liguster-Hecke übernommen werden.

Als die Habermanns Pläne für den Garten machten, waren ihre Auffassungen so unterschiedlich, dass sie nicht miteinander kombiniert werden konnten, ohne beiden Vorstellungen Gewalt anzutun. Deshalb besteht Jutta Habermanns Garten – bislang – nur in ihrer Phantasie.

Der virtuelle Garten

»Ein Garten ist für mich eine Art Stabilisator, unabhängig von Finanzkrisen, brennenden Ölbohrinseln und zu vielen völlig größenwahnsinnigen Menschen. Hier existiert immer der gleiche Kreislauf, und das vermittelt ein Gefühl von Sicherheit. Man freut sich in jedem Frühjahr darüber, was alles wiedergekommen ist. Egal was passiert, die Pflanzen sind im nächsten Jahr wieder da. Mein Garten würde allerdings etwas anders aussehen, auf jeden Fall pflegeleichter. Dreißig Schubkarren Unkraut hier herausholen, das wäre nicht mein Ding. Es gäbe mehr Dekoschnickschnack, nur um Akzente zu setzen, nichts Modernes, eher Naturmaterialien, ab und zu mal ein Hingucker. Ich hätte gerne eine große, zentrale Terrasse und einen überdachten Sitzplatz, damit man auch im Regen draußen sitzen und in den Garten sehen kann. Insgesamt stelle ich mir meinen Garten romantischer vor, er würde mir mehr Geborgenheit geben, hätte viele Klettergewächse wie Efeu, Clematis, Wein. Es gäbe viele üppige Bauerngarten-Pflanzen: Kürbis, Mangold, Himbeeren, Brombeeren, und er hätte nur wenig Freifläche. Insgesamt würde sich das Gewicht so verlagern, dass die Platzbedürfnisse der Menschen genauso wichtig wären wie die der Pflanzen.

Weil wir uns aber in diesem Punkt sowieso nicht einigen können, haben wir uns darauf verständigt, dass mein Mann den Garten macht und ich für meine Sträuße so viele Blumen daraus pflücke, wie ich will.«

Der reale Garten

Gerd Habermanns Großvater hatte einen Kleingarten mitten in der Stadt, direkt neben den Gaswerken. Damals, direkt nach dem Krieg, bedeutete das, man konnte

Ganz selbstverständlich arbeiten Emil und sein Großvater zusammen.

Gemüse und Kartoffeln anbauen und hatte etwas Essbares. »Wenn man mal eine Birne bekam, das war ein ganz besonderes Ereignis.« Die Eltern wohnten in Berlin, in der Nähe des Flughafens. In der kleinen Wohnung auf der vierten Etage mussten sich vier Personen ein Zimmer und eine kleine Küche teilen. »Als Kind habe ich schon davon geträumt, ach, einen eigenen Garten haben, dort machen können, was man will, was Eigenes haben. Und die körperliche Betätigung ist mir auch wichtig. Wenn ich mit Stress von meiner Arbeit als Glaser komme, gehe ich gar nicht erst ins Haus, sondern mache eine Runde durch den Garten, und mit jedem Schritt fällt mehr Ärger von mir ab.«

Das Konzept

Die Idealvorstellung ist: Jedes Beet im Garten soll jederzeit so aussehen, als sei jetzt der perfekte Moment. Jedes zufällig gemachte Foto, jeder Ausschnitt soll ein schönes Bild ergeben und das im ganzen Jahr. Das ist der Anspruch, aber er ist wohl nicht realisierbar, denn der Garten lebt und verändert sich. Manche Stauden sind kurzlebig, andere nur zweijährig, einige werden blühfaul, wieder andere stehen zu trocken oder zu nass, »... dann geht mal eine Wühlmaus dran, irgend etwas ist immer.« Die Gehölze sollen eine ganz bestimmte Größe haben, aber je mehr man schneidet, desto schneller wachsen sie. »Das ist hier eigentlich der größte Arbeitsaufwand: Sträucher und Bäume beschneiden, sie so im Griff zu behalten, dass sie nicht wuchern und das Bild ruinieren.«

In Gerd Habermanns Konzept passen weder befestigte Wege noch ein dauerhafter Sitzplatz, also gibt es nur Graspfade und einfach zu transportierende, minimalistische Holzstühle.

»In den Beeten müssen die vertikalen und horizontalen Anteile harmonieren. Auch wenn es keine Stauden gäbe, müssten die Sträucher die verschiedenen Höhen, Farben und Formen gewährleisten, damit es interessant aussieht.«

Blick zum Schuppen mit Kletterhortensie und Geißblatt

Blumengesteck von Jutta Habermann

Amerikanischer Baummohn

Die Durchführung

Zunächst wurden an die Grundstücksgrenzen viele verschiedene Sträucher gesetzt, als Nistplätze und Futterquellen für Vögel und Igel, natürlich auch als Sichtschutz. Es sollte eine natürlich wirkende, fließende Grenze entstehen. »Am Anfang habe ich viel zu dicht gepflanzt, an die falsche Stelle, nicht die schönsten Gehölze, aber erst mal sollte alles blickdicht sein.«

Da seine Frau sich für Blumen begeistert und gern Gestecke macht, entwickelten sich nach und nach Staudenbeete. »Wenn mein Mann von der Staudengärtnerei kam, stand er hier mit seinen Kisten, und dann musste erst mal wieder Rasen weg.« Das ist in diesem Garten mit seinem Lehmboden fast genauso leicht gesagt wie getan. Auch jetzt noch werden die organisch geformten Ränder der Beete lediglich durch die Rasenkante definiert und könnten bei veränderten Bedürfnissen jederzeit auf Kosten der Grasfläche angepasst werden.

Während die Größe der Gehölze relativ streng definiert und kontrolliert wird, bekommen die Stauden viel Raum. »Hier ist es nicht so, dass ich etwas ins Beet setze, es ringsherum frei lasse, und nach fünf Jahren sieht es immer noch so aus. Ich beobachte, was mit der Staude passiert, ob sie sich ausbreitet oder vermehrt – das darf sie auch – nur wenn es zu viel wird, greife ich ein. Wenn es sich optisch nicht verwischt, lasse ich sie wachsen. Wenn eine Pflanze zu groß wird und dabei toll aussieht, muss eben eine andere mal umgesetzt werden. Wir haben Gartenfreunde, die sehen das genau umgekehrt, die nehmen alles raus, was nicht so geplant war. Bei mir darf es wachsen.«

»Die erste Phase war: Pflanzen sammeln. Das große Sammeln ist jetzt fast beendet, und dann kommt die Frage, wo sie optimal stehen. Ich pflanze sie meistens an zwei verschiedene Standorte, um zu sehen, wo sie am besten gedeihen und wie groß sie werden.« Wie beispielsweise den Rittersporn, der mehrfach umziehen musste und jetzt

Das weiße Haus im Hintergrund wirkt wie eine Leinwand für die Blütenfarben.

an einer windgeschützten und gut sichtbaren Stelle seine volle Schönheit entfalten kann.

Nebenbei hat sich ein anderes Steckenpferd entwickelt – exotische Pflanzen selbst aus Samen ziehen. Dabei glückt lange nicht alles und manchmal entspricht das Ergebnis nicht den Erwartungen, aber wenn es gelingt, »… dann ist das etwas ganz Besonderes.«

Ein Gang durch den Garten

Das Grundstück ist 22 Meter breit. Direkt hinter dem rustikalen Holztor betritt man den Rasenpfad, der zwischen den dicht bepflanzten Beeten hindurch um das in der Mitte des Grundstücks liegende Haus herum führt. Der Vorgarten ist zwar durch ein Beet abgeschirmt, aber dank einer Sichtachse zwischen Stauden und Sträuchern kann man auf dem Weg zum Haus schon einen Blick auf die mit Rabatten eingefasste Rasenfläche werfen.

Der weiße Neubau mit seinen klaren Linien wird lediglich von den vielen ihn umgebenden Pflanzen geschmückt. Auf der rechten Grundstücksseite bildet eine in Wellen geschnittene Ligusterhecke die Kulisse für Zwiebelblumen, Stauden und Gräser. Geht man über die Rasenfläche hinter dem Haus entlang, bildet das transparent gestaltete Beet rechts mit dem kleinen, mit Kletterpflanzen bewachsenen Schuppen am Ende die Grenze zum ehemals verpachteten, hinteren Grundstücksteil. Der geschwungene Graspfad führt weiter um das Haus herum auf den anfangs schon erspähten Rasen. Die runde Staudeninsel rechts suggeriert: Hier möchte jemand eigentlich noch viel mehr pflanzen!

Am rechten hinteren Grundstücksrand befindet sich ein schlichter Sitzplatz, genau richtig, um die Abendsonne zu genießen, dahinter ein weiterer kleiner Schuppen und die Anzuchtecke, in der sich junge Sämlinge unter Glas entwickeln können. Die Geschichte des kreisrunden Beetes im Rasen ist vielleicht typisch für jeden Pflanzenliebhaber:

Kugelig geschnittener Ahorn und Sonnenhüte

Das kräftige Gelb der Wolfsmilch lenkt den Blick auf die dunklen Zierlauch-Kugeln.

»Dieses Beet ist entstanden, weil wir überlegt haben, ob hier ein Pavillon hinkommt. Das musste ich erst mal mit ein paar Pflanzen ausprobieren, und zwei oder drei Jahre standen hier Dahlien. Das gefiel mir erst gut, wuchs aber dann so zusammen, dass es nur noch ein kompakter Haufen war, vom Haus aus konnte man gar nicht mehr hindurchsehen. Die Dahlien habe ich wieder herausgenommen, in einzelne Töpfe gepflanzt und in das Beet lieber ein paar Gräser, Mutterkraut, für den Frühling gelbes und weißes Allium, alles niedrig, leicht und zum Durchgucken. Der Essigbaum, der jetzt in der Mitte steht, soll nicht viel höher werden, insgesamt vielleicht zwei Meter, und er bleibt auch transparent.

Jetzt käme ich gar nicht mehr auf die Idee, da ein Teehaus hinzustellen, die drei Mal im Jahr, die man da vielleicht sitzt, ach nee. Das ist wie mit einem Balkon an einem Haus mit Garten, der wird nie benutzt.«

Inzwischen ist das Beet, unterteilt wie eine Torte, mit ver- schiedenen niedrig bleibenden Gräsern bepflanzt. Ob es damit seine endgültige Form hat?

»So sind eigentlich alle Beete entstanden: Man denkt erst, hier könnte doch noch etwas hin. Dann probiert man es aus, guckt, ob es so wird, wie man es sich vorgestellt hat, und dann kommt man wieder völlig ab vom ursprünglichen Plan.«

Lieblingspflanzen

Einjährige wie Cosmea oder rote Gartenmelde bringen schnell und unkompliziert Farbe in den Garten und füllen Lücken.

Die ideale Staude sollte beim Austreiben gut aussehen, attraktive Blätter und schöne Blütenfarben haben, nach der Blüte gut stehen bleiben, nach Möglichkeit auch im Winter, »... und am allerbesten ist, wenn sie sich dann auch noch aussamt.« Gerd Habermann empfiehlt

Im Frühjahr ist der Vorgarten vom Weg aus noch leicht einzusehen.

Das Wässern ist inzwischen viel einfacher geworden.

Rot blühende Distel

insbesondere: Die neue Katzenminze, denn sie steht stabil, blüht lange, sieht nach der Blüte noch gut aus, hat eine schöne Herbstfärbung und versamt sich. Das Weidenröschen, die weiße Sorte, blüht im Juni und wuchert kaum. Außerdem Veronika, Nachtviole, Wiesenknopf, Wiesenrauten in allen Farben, Muskatellersalbei, Feuerkolben, Astern, die sich nicht zu stark ausbreiten, Heuchera, Ligularia, Disteln, Staudenknöterich, Sonnenhüte, Phlox und zwischendurch immer wieder Gräser. Dazwischen können Funkien mit ihren großen Blättern beruhigend wirken. »Oft entdecke ich Pflanzen oder Samen, die man woanders noch nicht sieht. Darüber freue ich mich dann, aber nach zwei oder drei Jahren stehen sie auch in anderen Gärten.« Beispiele für ganz besondere Pflanzen sind: Amerikanischer Baummohn (selbst aus Samen gezogen), blauer Scheinmohn, Eidechsenschwanz und Honigstrauch.

An Sträucher und Bäume werden ähnliche Ansprüche gestellt: schöne Blüten im Frühjahr, viele unterschiedliche Blattformen, nicht zu groß werden, spektakuläre Herbstfärbung. Wildrosen passen gut in diesen Garten, weil sie robust sind, eine natürliche Ausstrahlung haben und nicht dominieren. Sehr oft haben sie auch ausgesprochen schönes Laub. Bei der Auswahl sollte man Sorten bevorzugen, die nicht zu Wurzelausläufern neigen, beispielsweise *Glauca*, *Glanzrose* oder *Multiflora*.

Den Judasbaum gibt es rot- oder grünblättrig, er blüht schon im März direkt am Holz. Unabdingbar sind Hartriegel, Perückenstrauch, Pfaffenhütchen, Schneebälle und Felsenbirne.

Der Kuchenbaum duftet, wenn die Blätter abfallen, nach Kuchen. Die weidenblättrige Birne hat silberfarbiges Laub, besonders attraktiv als Trauerform.

Die Pflege

Alles, was in diesem Garten gewachsen ist, bleibt auch hier, weiches Material landet auf dem Kompost, Hecken- und

»Dekoschnickschnack«

Buschklee

Baumschnitt wird in den Friesenwall geflochten. »Wir verbrennen oder entsorgen nichts. Das Pflegen der Beete im Frühjahr und der Schnitt machen die meiste Arbeit. Am Anfang haben wir einfach zu dicht gepflanzt, und das muss jetzt laufend in Schach gehalten werden.«

Da es nicht nur ideale Stauden gibt, müssen die anderen von 400 Stützen daran gehindert werden, auseinander zu fallen. Im Herbst kommt das Laub der Bäume auf die Beete. »Unser Garten ist nicht unser Wohnzimmer, er soll nicht clean sein. Bei Schnecken und Wühlmäusen sind wir rigoros. Man hat entweder Schnecken oder Blumen, beides zusammen geht nicht.«

Zukunft

Bei der Auswahl neuer Gehölze für den Habermann-Garten gelten heute strenge Kriterien: sie sollen nicht höher als zwei Meter werden, schon relativ ausgewach-

sen sein und dekorativ hinsichtlich Blatt, Form und Herbstfärbung.

»Es ist natürlich viel im Garten zu tun, wenn man wollte, könnte man das reduzieren. Aber wenn man einen Samen in die Erde steckt und dann beobachtet, wie sich aus dem kleinen Fitzelchen so eine Pflanze entwickelt, und die hat wieder ganz viele Samen ... Unseren Sohn zog es nach dem Studium wieder nach Berlin, aber unser Enkel Emil ist schon ein begeisterter Gärtner.«

Öffnungszeiten

Die Öffnungszeiten dieses Gartens werden publiziert unter
www.urania-potsdam.de oder
www.offene-gaerten-berlin-umland.de

Außerdem ist es möglich, individuelle Termine telefonisch zu vereinbaren unter 033 42-34 70 14.

Der Vorgarten im Hochsommer: Schleierkraut, Wildrose, im Hintergrund ein Geißbart

Ein Garten à la Göritz

Nahe der Stadt Brandenburg leben Gitta und Ekkehard Bräuer in und mit ihrem privaten Landschaftspark.

Wenn man viel Glück hat, fährt man im Mai zu den Bräuers in der Kastanienstraße, wenn die Bäume blühen. Aber auch in den anderen Jahreszeiten ist diese intakte Allee imposant und unterstreicht den dörflichen Charakter und die weichen Formen der Landschaft. Beim Betreten des Gartens glaubt man kurz, sich in der Adresse geirrt zu haben – das ist doch ein Park, oder?

1964 haben Bräuers die 5600 Quadratmeter von der örtlichen Landhebamme gekauft. Auf dem Grundstück waren hauptsächlich Wald, einige Obstbäume, ein Gemüsegarten. Das in der Mitte stehende, relativ kleine Haus wurde im Laufe der Jahre renoviert und um einen Wintergarten erweitert, von dem aus man den Garten auch bei schlechtem Wetter genießen kann. Aber von Genuss konnte zunächst keine Rede sein – man konnte zwar in der Nähe Bäume und Sträucher erwerben, aber das Ergebnis der eigenen Bemühungen war unbefriedigend.

Der Geist von Hermann Göritz

Wenn man mit Gitta und Ekkehard Bräuer durch ihren Garten geht, ist immer noch eine weitere Person dabei, der Potsdamer Dendrologe und Landschaftsarchitekt Hermann Göritz[1].

Bräuers haben in der Stadt Brandenburg ein Geschäft für Kunsthandwerk und daher in ihrem großen Bekanntenkreis viele Menschen, die sich mit Geschmack und Schönheit befassen. 1975 lernten sie Göritz über einen Bekannten kennen.

Gitta Bräuer: »Der sagte: ›Bei mir in der Straße wohnt Hermann Göritz, der ist schon ganz alt und krumm, aber ich kann ihn ja fragen, ob er sich Euer Grundstück mal anguckt.‹ So ist das entstanden. Ich wollte nie so ein großes Grundstück haben. Göritz konnte sehr charmant sein, Leute für seine Sache begeistern. Wenn er für mich nicht so besonders gewesen wäre, dann hätte ich das, glaube ich, nicht gemacht. Das ging über den Menschen.

Als er das erste Mal herkam, stand hier eine Hängeweide. Das war unser Baum – wie eine Laube, das erste Grün, eine Bank, ein Tisch, unser kleines Kind hatte damit Laufen gelernt und sich immer daran hochgezogen; da kam Göritz: ›Der muss weg! Das passt nicht in diesen Garten, das gehört ans Wasser! Wenn wir darüber nicht reden können, dann brauchen wir gar nicht erst anzufangen.‹«

Ekkehard Bräuer: »Na ja, das war erst mal der Härtetest. Und wir haben es erst gar nicht verstanden. Er verabschiedete sich dann ganz fröhlich, bat uns, darüber nachzudenken, wir sollten ihn unsere Entscheidung wissen lassen. Das hat natürlich ein bisschen gedauert, weil wir den Baum so liebten, alle Geburtstage, Feiern unter dem Baum stattfanden. Irgendwann haben wir uns entschieden, ihn wegzunehmen, und heute ist uns das völlig klar: Man kann einen Baum, der ans Wasser gehört, nicht in ein Waldgrundstück stellen.«
Es entwickelte sich eine Freundschaft und im Laufe vieler Besuche entstand der größte von Göritz entworfene Privatgarten, der im Laufe der Jahre nach seiner Lehre weiterentwickelt wurde.

Es gibt nur einen, mit Natursteinen gepflasterten Weg, vom Eingang zur Garage am Ende des Gartens, und dieser Weg verläuft in einer Kurve, sodass man sein Ende

Gitta Bräuer

Ekkehard Bräuer

nicht sofort sieht. Links vom Weg liegen Rasenflächen mit großen, organisch geformten Pflanzinseln.

Gitta Bräuer: »Der Anlauf muss stimmen: niedrige Randbepflanzung, Staude, Strauch, Baum.« Als Bodendecker dienen Geranium, Dickmann, Efeu, also Pflanzen, die zuverlässig das Unkraut unterdrücken, attraktiv und pflegeleicht sind. Dazwischen liegen bemooste Gletschersteine, die regelmäßig vom Bewuchs befreit werden.

Entsprechend dem Waldcharakter der Anlage gibt es viele Farne, Azaleen und Rhododendren. Lediglich Weiß, Gelb und Violett sind hier als Blütenfarben zugelassen. Ekkehard Bräuer: »Die Rhododendren wurden alle Mitte bis Ende der 1970er Jahre gepflanzt, wobei wir uns auf wenige Farben beschränkten. Das war auch das Anliegen von Göritz, es nicht zu bunt zu machen.«
Als der Garten angelegt wurde, gab es in der DDR weder die heutige Auswahl an Pflanzen noch war es einfach,

sie zu erwerben. Durch ihr Geschäft konnten die Bräuers Kunsthandwerk zum Tausch anbieten. Trotzdem, 200 Dickmann zu bekommen, um sie als Bodendecker einzupflanzen, da musste man den Betreiber der Baumschule schon gut kennen. Manchmal wurde man auch über den *Buschfunk* informiert, dass es irgendwo gerade etwas gab, und immer, wenn man Urlaub machte, brachte man sich Pflanzen mit.

Zwischen den Sträuchern stehen ausgesuchte, steinerne Skulpturen. Die Hauptakteure des Gartens aber sind die Bäume: die ursprünglich vorherrschenden Nadelbäume wurden durch kostbare und seltene Laubbäume ersetzt, deren Blattfarben und -formen in vielen Variationen den Garten beleben, im Winter mehr Licht durchlassen und eine bessere Sicht auf Landschaft und Himmel erlauben. Gitta Bräuer: »Und man muss überall in den Garten Bänke und Tische stellen, auch wenn man sich da nie hinsetzen will, man muss wissen, man könnte. Hermann Göritz

Die hellen Blüten von *Annabelle*, Geißbart und im Hintergrund Knöterich leuchten in der Sonne.

hat auch gesagt, man erlebt aus einer Sitzposition den Garten ganz anders, aus der Froschperspektive, und dann kann man auch leichter hoch in die Bäume gucken.«

Ein Gang durch den Garten

Der linke Teil des abschüssigen Grundstücks wurde von Anfang an als Englischer Landschaftsgarten konzipiert. Großzügige Pflanzflächen und gepflegter Rasen bestimmen das Bild, darin eingebettet das Wohnhaus. Viele Bäume wurden noch von Göritz persönlich oder auf seinen Rat hin gepflanzt, wie der Kuchenbaum, der in der Nähe des Küchenfensters steht, ein Flachwurzler mit kleinen, roten Stielen und einer wunderschönen Blüte. Im Laufe des Sommers ist er unscheinbar, aber wenn die Blätter im Herbst gelb werden, duften sie stark nach frisch gebackenem Kuchen. »Hermann Göritz hat uns immer um diesen Baum beneidet. Er hatte eine Strauchkastanie, die bei uns nicht gelingen wollte und wir den Kuchenbaum, zu dem er uns geraten hatte.«

Ein Kriterium zur Auswahl der Gehölze war ein gewisser Wildnischarakter, wie ihn die Azalee *Atlantikum* hat, die zusätzlich abends wunderbar duftet. Sie steht schon 30 Jahren inmitten von Efeu und Pachysandra und vermehrt sich sogar.

Auch auffallende Formen passen gut in einen farblich so zurückhaltenden Garten, wie die in Etagen wachsenden Sträucher des Schneeballs und des Hartriegels, der mit zwölf Metern größer werden kann als ursprünglich gedacht.

Dabei findet Ekkehard Bräuer eine Metapher, die er bei Gabriella Pape[2] gefunden hat, sehr zutreffend: »Sie spricht von den Beeten als einem Bühnenbild, auf dem die Bodendecker und Hecken die Statisten sind, die die Kulisse für die Diva bilden. Diven haben unsere Aufmerksamkeit für ihren kurzen Auftritt, und sie wechseln sich ab; die Statisten fallen zwar nicht so auf, aber sie bleiben.« Besondere Bäume in diesem Garten sind die Sumpfzypresse, der Eisenholz-, Amber- und der Urweltmammutbaum.

Wasserbecken im Sommer mit Taglilien

Der Spiegel erweitert den Garten nach hinten.

Geißbart, Fingerhut und Frauenmantel

Das Wasserbecken am Haus ist gemauert, 80 Zentimeter tief und schon 20 Jahre alt. »Unsere Enkelkinder haben darin mit drei Jahren Schwimmen gelernt.«

Das Wasser ist trotz des extremen Wetters, seit Wochen herrschen mehr als 30 °C, sehr klar. Das ist nur möglich, weil es hier keine Fische gibt, dafür aber viele Schwimmpflanzen wie Krebsscheren, Tannenwedel oder Wasserhyazinthen (letztere sind bei uns nicht winterhart), in den Töpfen die zuverlässigen, wunderbar blühenden Binsen und dazu das schlichte Schilf.

Ekkehard Bräuer: »Im Grunde ist es ganz einfach: Wenn man das Wasser erneuert hat und gibt Pflanzen dazu, dann sind in den Kübeln Nährstoffe und das muss sich einpendeln. Dazu benötigt man Nährstoff zehrende Pflanzen. Die sind zunächst dunkelgrün, und wenn sie Mangelerscheinungen zeigen, also hellgrün werden, dann wird auch das Wasser klar. Bis es so weit ist, werden die sich entwickelnden Algen mit dem Kescher abgefischt.«

Und wie sorgt man dafür, dass das Eis im Winter nicht das Becken sprengt und die Platten hochhebt? Im Herbst wird die Verdunstung nicht ausgeglichen und der Wasserspiegel kann um 5 Zentimeter fallen. Sinken die Temperaturen, muss man dafür sorgen, dass eine Fläche eisfrei bleibt, damit der Druck nach oben hin entweichen kann. Beispielsweise legt man eine Styroporplatte in die eisfreie Fläche und bewegt sie regelmäßig oder setzt eine Umwälzpumpe ein. Zusätzlich empfiehlt es sich, Wasser unter der Eisschicht abzupumpen, sodass eine Luftschicht zwischen Wasserspiegel und Eis entsteht. Obwohl die Wände des Beckens gerade sind, sinkt die Eisschicht erfahrungsgemäß nicht ab.

Der Rasen fließt durch die Beete.

In einer Hinsicht können sich die Eheleute Bräuer nicht einigen: »Herr Göritz hat immer gesagt: Die Oberfläche des Teichs muss man sich wie eine Torte vorstellen, nur ein Viertel darf bepflanzt sein, der Rest ist für den Spiegeleffekt. Das hält mein Mann nicht so ganz ein, und deshalb muss ich die Kübel immer ein bisschen zusammenschieben.«
»... und ich schiebe sie wieder auseinander.«
Am linken Grundstücksrand liegt im Halbschatten ein naturhafter, romantischer Teich, der sehr schnell sein biologisches Gleichgewicht entwickelt hat und wenig Pflegeaufwand verursacht.

Am oberen Ende des Grundstücks befindet sich die Garage, laut Ekkehard Bräuer eine Jugendsünde, die er heute nicht wiederholen würde. Jetzt dient sie zum Unterstellen von Gartengeräten wie Rasenmäher oder Schredder.

Neben der Garage geht das Grundstück über in ein kleines Waldstück, das den Kompost beherbergt. Alles Schnittgut wird geschreddert und hier zwischen den Bäumen abgelegt, manchmal gemischt mit dem Rasenschnitt, um den Verrottungsprozess zu beschleunigen. Nach zwei Jahren kommt es als Kompost wieder in den Garten.
»Es gibt ja unterschiedliche, auch umstrittene Theorien. Wenn der Kompost beispielsweise beim Auftragen nicht ganz verrottet ist, dann fermentiert er noch und verbraucht Stickstoff, der dann wieder den Pflanzen verloren geht. Auch das Thema, dass mit dem Kompost die Unkrautsamen verbreitet werden, kenne ich, aber da muss man durch.«

Entwicklungen
Gitta Bräuer: »So ein Garten kann ja nie fertig sein. Wir fühlen uns natürlich den Ideen von Göritz verpflichtet, aber wir sind da ganz cool, gehen wo notwen-

Sitzgruppe am Waldrand, dahinter liegt der Kompost.

dig mit der Säge ran und nehmen ganz viel raus, damit er seine Struktur behält.« An dieser Stelle meldet sich ein weiterer, unsichtbarer Dauergast des Gartens, Karl Foerster[3]: »Wer mit seinem Garten zufrieden ist, verdient ihn nicht«, zitieren die Bräuers gleichzeitig.

Vor dem Fall der Mauer diente der Garten als Refugium, in dem man sich mit Familie und Freunden treffen und austauschen konnte, Bräuers veranstalteten häufig Konzerte und Lesungen im privaten Rahmen. Weil man oft das Gefühl hatte, der Staat sei überall, und nicht sicher sein konnte, dass das Interesse des Staats an seinen Bürgern immer wohlmeinend war, gab es das Bedürfnis, möglichst nicht aufzufallen, nicht sichtbar zu sein. Also ließ man einfach die Grenzen des Grundstücks zuwachsen und schottete sich ab.

In den neuen politischen Verhältnissen hat dieses Bedürfnis abgenommen, und das äußert sich unter anderem da-

rin, dass der Garten zur Landschaft hin geöffnet wurde – es entstanden Blickachsen nach draußen, über die Straße hinweg auf die Wiesen und Felder der Umgebung.

Rechts vom Weg hatte das Grundstück vorwiegend Waldcharakter. Der Blick auf diesen Bereich war durch eine Eibenwand versperrt und nur mittels eines kleinen Durchgangs zugänglich, wodurch der von Göritz gewünschte Aha-Effekt erzeugt wurde. Es war keine leichte Entscheidung, ob dieser Teil geöffnet und integriert werden sollte. Was Göritz wohl geraten hätte? Wenn man jahrelang an eine bestimmte Situation gewöhnt ist und damit auch zufrieden war, »wird man ja auch ein bisschen betriebsblind«. Also wurde lange mit der Familie überlegt, mit Freunden diskutiert: »Konstruktiver Streit ist ja wichtig, das Ergebnis ist dann immer besser, als hätte man gleich gesagt, ja, mach doch. Und in diesem Fall spielten

Die Sichtachse öffnet den Garten zur Landschaft.

doch auch Emotionen eine große Rolle.« Bei den *Tagen des Offenen Gartens* fiel dann auf, dass sich die meisten Besucher im bewaldeten Teil des Grundstücks aufhielten, und das gab den Ausschlag: Es gibt viele gestaltete Gärten, aber die Anbindung an den Wald und die Landschaft ist es, die diesen Garten so besonders macht.

Einen Landschaftspark gestalten

Um mehr Licht und Luft in diesen Teil des Gartens zu bringen, mussten zunächst die Eibenhecke und einige Bäume entfernt werden. Ekkehard Bräuer: »Wir haben einen 17-jährigen Enkel, der in Berlin lebt und fast jedes Wochenende seine Zeit hier verbringt. Er sagt immer, hier sei sein Zuhause, in Berlin geht er nur zur Schule. Er interessiert sich sehr für den Garten, und zu Weihnachten habe ich ihm ein Seminar geschenkt, um den Motor-

sägeschein zu machen. Am vierten Advent, es war minus 17 Grad, hatte er am Vorabend theoretischen Unterricht und am nächsten Morgen Praxis hier im Wald, da hat er gelernt, wie man große Bäume fällt.«

Eine abgestorbene und vier alte Kiefern wurden ohne Kollateralschaden gefällt. Dann sollte die Fläche unter Einbeziehung der natürlichen Bodenerhebungen zu horizontalen und vertikalen Schwüngen modelliert werden. Zufällig wurden in der Nähe die Fundamente der Freileitungsmasten ausgewechselt. Dabei wurde sehr guter Wiesengrund abgegraben, der hier Verwendung fand, sodass der Boden in diesem Bereich nährstoffreicher ist und besser das Wasser festhält als in den anderen Gartenteilen. »Karl Foerster arbeitete mit mehreren namhaften Gartengestaltern zusammen, unter anderem mit Herrmann

Die großen Gletschersteine müssen ab und zu vom Efeu befreit werden.

Ebenfalls ein Bühnenbild, mit steinerner Diva und Septembersilberkerze

Matern und dessen Frau Herta Hammerbacher, der ersten Professorin für Gartengestaltung in Berlin Dahlem. Sie war spezialisiert auf Bodenbewegung und hatte den Spitznamen *Mulden-Herta*. Die fehlte uns hier, mit ihrer Hilfe wäre es noch schöner geworden.«

Die Mulden haben sowohl gestalterische als auch praktische Gründe. Sie bremsen die Fließgeschwindigkeit des Regenwassers auf dem abschüssigen Gelände und sammeln es für die Pflanzen, die mehr davon benötigen. Auch die Form der seitlichen Beetbegrenzungen ist nicht zufällig entstanden, sie sollen an den Lauf eines Flusses durch die Landschaft erinnern.
Hier werden nur ausgesprochene Wildgehölze verwendet – der Feuerahorn, die Felsenbirne, deren Früchte die Amseln so lieben und die, wie die Roteiche, eine wunderbare Herbstfärbung hat. Oder, ganz zurückhaltend, die Zwergvogelbeere, deren wunderschöne Früchte einen hohen Vitamin-C-Gehalt haben, gut als Arznei oder für Marmelade zu gebrauchen.
Dazu passen unaufdringliche Sträucher und Stauden.
Am unteren Ende steht eine Bank, von der aus man den Garten in Froschperspektive betrachten kann. »Das war Hermann Göritz sehr wichtig, und wir haben dort oft mit ihm gesessen.«

Anbindung des Waldes

Als die Bräuers 2001 das rechts angrenzende Waldstück erwerben konnten, nahmen sie die neue Herausforderung gerne an. Wer in Deutschland Wald kauft, hat das Recht, Bäume zu fällen und neue zu pflanzen, er muss dem Publikum aber weiterhin Zugang ermöglichen.
So stellte sich die Frage, wie man den Garten optisch zum Wald öffnen könnte, ohne Gefahr zu laufen, dass sich ungebetene Gäste wie Rehe und Wildschweine einfinden. In Abstimmung mit den Forst- und Naturschutzbehörden

Die Blätter des Kuchenbaums dürfen eine Weile auf dem Rasen liegen bleiben.

wurde ein 160 Meter langer, etwa 2,50 Meter hoher Wildzaun errichtet. Der große Vorteil: Er hat die Form eines L, der untere Querstrich wird waldseitig in den Boden eingegraben und weil die Wildschweine auf dem Zaun stehen, können sie ihn nicht untergraben. Der Nachteil: Da der Zaun aus – wenn auch großen – Rechtecken glänzenden Drahts besteht, war er weithin gut sichtbar. Die Lösung: er wurde beidseitig mit Teer angestrichen. Keine geringe Aufgabe, aber das Ergebnis überzeugt!

Gitta Bräuer: »Hinter dem Zaun haben wir etliches herausgesägt, Wege freigemacht, damit man da langgehen kann, und die pflegen wir auch. Ich wollte, dass es wie ein Park wird, aber der Waldcharakter sollte erhalten bleiben. Die Spaziergänger erkennen das auch an, sie sorgen dafür, dass die Hunde nichts auf den Wegen hinterlassen, und ich habe hier noch nie Abfall gefunden. Manchmal guckt jemand hier herein und freut sich mit an unserem Garten.«

Die tägliche Gartenpflege

Wenn man erfährt, dass die Bräuers den Garten allein bewältigen, fragt man sich, wie sie das schaffen. Dazu ist ein Zitat von Frau Göritz überliefert: »Wenn Sie nicht viel Zeit haben, sorgen Sie nur dafür, dass die Rasenkanten ordentlich aussehen, dann sieht keiner, ob woanders noch Unkraut steht.«

Gitta Bräuer: »Göritz konnte Gänseblümchen oder Klee im Rasen auf den Tod nicht leiden, weil sie von der eigentlichen Struktur ablenken, den Schwüngen und den Wellen, der Rasen muss ganz ruhig sein. Das haben wir übernommen.«
Aber ein englischer Rasen muss es auch nicht sein; hier dürfen die Enkelkinder herumtollen, es fährt mal ein Auto darüber, ganz zu schweigen von den Maulwürfen, die in dieser ländlichen Umgebung natürlich nie weit weg sind.

Statue eine jungen Frau, die als Braut gestorben sein soll.

Die Ornamente wurden sehr behutsam eingesetzt.

»Als Karl Foerster gefragt wurde, was man gegen Wühlmäuse und Maulwürfe machen kann, antwortete er: ›Schimpfen!‹«

Wenn das Wetter stimmt, wird der Rasen ein- bis zweimal in der Woche so kurz geschnitten, dass das Schnittgut liegen bleiben kann. Ist es schon zu lang, erleichtert ein Fangkorb die Arbeit. Für die ganze Fläche benötigt man etwa eine Stunde, und damit ist Rasenpflege »überhaupt kein Thema«.

Wenn der Efeu aus den Beeten auf den Rasen wächst, wird er gleich mit abgeschnitten, sodass er auf Dauer viele kurze Triebe bildet und eine Art Welle formt.
Im Frühjahr wird der Rasen gedüngt. »Das darf man nicht zu zeitig machen, weil es von den Wurzeln nicht aufgenommen würde. In diesem Jahr setzte früh eine Hit-

zeperiode ein, in der es nicht regnen wollte. Und sprengt man den gedüngten Rasen dann nicht, wird er braun.« Im Herbst werden die Blätter mit einem Gebläse in der Mitte des Rasens aufgehäuft, das macht vor allem Gitta Bräuer viel Spaß, dann in einen kleinen Hänger hinter dem Aufsitzmäher geladen und zum Komposthaufen gebracht. Die letzten Blätter am Ende des Herbstes sammelt der Fangkorb des Rasenmähers ein.

Ekkehard Bräuer: »Für die Bewässerung des Gartens nutzen wir einen Brunnen. Die Sprenger werden jedes Mal aufgestellt, die haben noch den DDR-Charme, richtig dicke Schläuche, DDR-Kupplungen mit Gummidichtungen, die regelmäßig erneuert werden müssen. Die laufen drei bis fünf Stunden, abends bis spät in die Nacht oder morgens ganz früh, dann werden sie wieder umgesetzt. Heute macht man das computergesteuert, aber

Blick vom Eingang auf das Haus

Der Übergang zwischen Garten und Wald ist harmonisch.

wir noch nicht. Ein Gärtner bei der Staudengärtnerei Foerster hat mir mal gesagt, man soll auch für Staudenbeete Sprüher verwenden, die ganz fein sprühen, weil dicke Tropfen den Boden verhärten.«

So entsteht ein Mischwald

Ekkehard Bräuer: »Die Kiefern sind vor circa 80 Jahren gepflanzt worden. Einmal hat mich der Landesforstmeister, der hier die Domstifts-Forste verwaltet, eingeladen. Der Anlass: eine Ehrung des Eichelhähers. Er ist bei Jägern und Ornithologen umstritten, weil er als Raubvogel gilt, der die Nester der Singvögel ausraubt. Nach neuesten wissenschaftlichen Erkenntnissen ist das falsch. Wie Ornithologen festgestellt haben, richtet er nicht mehr Schaden an als alle anderen Vögel untereinander auch, aber er trägt die Früchte der Muttereichen in den Kiefernwald. Das ist die Erklärung dafür, dass Eichen wachsen, wo weit und breit keine Muttereiche zu sehen ist.

Das haben wir dem Eichelhäher zu verdanken, und an einem schönen, sonnigen Herbsttag wurde er augenzwinkernd, aber feierlich mit Waldhorn-Blasmusik, Sekt und klugen Reden von ernst zu nehmenden Hochschullehrern aus Eberswalde zum Oberforstmeister ernannt.«

Kleinere Gärten gestalten

Wenn man die Regeln, nach denen dieser Garten gestaltet ist, mit Pflanzen kombiniert, die sich auf relativ armen, trockenen Böden in verschiedenen Sonnenlagen wohl fühlen, kann das Konzept selbstverständlich auch auf kleinere Gärten übertragen und damit der Pflegeaufwand sehr gering gehalten werden:
· so wenig befestigte Wege wie nur irgend möglich, so oft wie möglich das gleiche Material verwenden;
· Struktur mit Hilfe von Pflanzeninseln (oder Zungen) im Rasen anlegen, die Ränder organisch formen, Räume bilden;

Am kleinen, natürlich wirkenden Teich

Der Weg zum Ausgang, rechts geht es zum Haus.

· den Anlauf beachten, von klein nach groß: Bodendecker, Stauden, Sträucher, Bäume – Ausnahmen sind erlaubt;
· Pflanzen auswählen, die zur Umgebung und der Bodenqualität passen;
· Beschränkung auf wenige Blütenfarben;
· ein *Wasserauge* und Blickachsen gestalten;
· Ornamente sparsam einsetzen;
· viele, aber schlichte Sitzplätze schaffen;
· Bodendecker: Dickmann, Efeu, Frauenmantel, Katzenminze und Storchenschnabel;
· Stauden für den Schatten: Farn und Funkie;
· Stauden für den Halbschatten: Anemone, Eisenhut, Fingerhut, Kermisbeere, Knöterich, Pfaffenhütchen, Schaublatt, Septembersilberkerze, Sterndolde, Taglilie, Veronica, Waldgeißbart, Waldmarbel und Wiesenraute;
· Sträucher: Azalee, Buchsbaum, Eibe, Mahonie, Rhododendron, Stechpalme, Zaubernuss und die Hortensie *Annabelle*.

Bäume erreichen von allen Pflanzen im Garten das höchste Alter, deshalb spielen bei der Auswahl viele Überlegungen eine Rolle: Umgebung, Größe des Gartens, Bodenart, Lichtverhältnisse, Qualität der Luft und nicht zuletzt der persönliche Geschmack des Gärtners.
Selbstverständlich kann und sollte diese Aufzählung nach individuellem Geschmack erweitert werden.

Öffnungszeiten
Der Besuch dieses Gartens ist nach telefonischer Vereinbarung möglich: 03 38 37-4 02 01.

1 Hermann Göritz (1902–1998)
2 Gabriella Pape: Meine Philosophie lebendiger Gärten, Irisiana Verlag 2010
3 Karl Foerster (1874–1970)

Anhang

Im Text erwähnte Pflanzen

Ackerwitwenblume	Knautia arvensis	Eisenholz	Parrotia persica
Ahorn	Acer	Eisenhut	Aconitum
Akelei	Aquilegia	Elfenblume	Epimedium
Alant	Inula	Engelswurz	Angelica
Alpenveilchen	Cyclamen coum;	Enzian	Gentiana
	Cyclamen hederifolium	Essigbaum	Rhus typhina *Tiger Eyes*
Amberbaum	Liquidambar	Esskastanie	Castanea sativa
Amerikanischer Baummohn	Romneya coulteri	Fackellilie	Kniphofia
Apfelbeere	Aronia melanocarpa	Falsche Alraunwurzel	Tellima
Aronstab	Arum	Falscher Jasmin	Philadelphus
Balkan-Storchenschnabel	Geranium macorrhizum	Felsenbirne	Amelanchier
Berberitze	Berberis	Fette Henne	Sedum
Berufskraut	Erigeron	Feuerahorn	Acer ginalla
Blauer Scheinmohn	Meconopsis sheldonii	Feuerkolben	Arisaema sikokianum
Blaukissen	Aubrieta	Fingerhut	Digitalis
Blauregen	Wisteria sinensis	Flammblume	Phlox
Bleiwurz	Plumbago	Fleißiges Lieschen	Impatiens walleriana
Blumenhartriegel	Cornus florida;	Flieder	Syringa
	Cornus controversa	Flockenblume	Centaurea
Blumenrohr	Canna	Forsythie	Forsythia
Blutpflaume	Prunus cerasifera	Frauenhaarfarn	Adiantum
Blutweiderich	Lythrum salicaria	Frauenmantel	Alchemilla mollis
Braunstieliger Streifenfarn	Asplenium trichomanes	Frauenschuh-Orchidee	Cypripedium
Buntmargerite	Tanacetum coccineum	Funkie	Hosta *Guacamole*
Buntnessel	Solenostemon	Geissblatt	Lonicera
Buschklee	Lespedeza thunbergii	Gelenkblume	Physostegia
Buschwindröschen	Anemone nemorosa	Giersch	Aegopodium
Christophskraut	Aktea	Glockenblume	Campanula
Christrose	Helleborus niger	Glyzinie	Wisteria sinensis
Dickmann	Pachysandra	Golderdbeere	Waldsteinia trifoliata
Distel	Cirsium rivulare *Atropurpureum*	Goldkrokus	Steinbergia lutea
Eibisch	Hibiscus	Goldrute	Solidago
Eidechsenschwanz	Houttuynia cordata *Plena*	Große Sterndolde	Astrantia major

Hängebirke	Betula petula youngii	Küchenschelle	Pulsatilla albana
Hängende Blutbuche	Fagus sylvatica *Purple Fountain*	Kugeldistel	Echinops
Hängeweide	Salix caprea Pendula	Lampionblume	Physalis alkekengi
Haselwurz	Asarum	Lärche	Larix *Krejcy*
Hechtrose	Rosa glauca	Lauch	Allium
Herbstanemonen	Anemone hupehensis	Lebensbaum	Thuja
Herbstzeitlose	Colchicum	Leberblümchen	Hepatica
Hirschzungenfarn	Asplenium scolopendrium	Lenzrose	Helleborus orientalis
Honigstrauch	Melianthus major	Lerchensporn	Corydalis
Hortensie	Hydrangea	Mädchenkiefer	Pinus parviflora
Immergrün	Vinca minor	Mädesüß	Filipendula
Jasmin	Jasminum	Maiapfel	Podophyllum-Hybride
Johanniskraut	Hypericum	Malve	Malva
Judasbaum	Cercis canadensis	Margerite	Argyranthemum
Kanadisches Veilchen	Viola canadensis	Marienfrauenschuh	Cypripedium calceolus
Katzenminze	Nepeta cubanica	Märzenbecher	Leucojum vernum
Kermisbeere	Phytolacca	Mohnblumen, einjährig	Papaver rhoeas
Kerzenknöterich	Persicaria amplexicaulis	Mohnstauden	Papaver orientale
Kiefer	Pinus *Schwerinii*	Mönchspfeffer	Vitex agnus-castus
Kirschlorbeer	Prunus laurocerasus	Montbretie	Crocosmia
Klappertopf	Rhinanthus	Nordamerik. Hundszahn	Erythronium grandiflorum
Klatschmohn	Papaver rhoeas	Perückenstrauch	Cotinus coggygria *Royal Purple*
Kletterhortensie	Hydrangea petiolaris	Pfaffenhütchen	Euonymus alatus;
Knabenkraut	Dactylorhiza maculata		Euonymus europaeus
Knöterich	Persicaria: (P. Aconogonon	Pracht-oder Präriekerze	Gaura lindheimeri
	speciosum *Johanniswolke*)	Prachtspiere	Astilbe
Kolkwitzie	Kolkwitzia amabilis	Prärielilie	Camassia
Kornblume	Centaurea cyanus	Purpurlaubiger Holunder	Sambucus nigra
Kornelkirsche	Cornus mas	Rhododendron	Rhododendron yakushimanum
Kornrade	Agrostemma coelirosa	Ringelblume	Calendula
Krebsschere	Stratiodes aloides	Rittersporn	Delphinium
Krötenlilie	Tricyrtis	Rockii-Pfingstrosen	Paeonia suffruticosa subsp. rockii
Kuchenbaum	Cercidiphyllum	Salbei	Salvia

Sauerdorn	Berberis	Teufelskralle	Phyteuma comosum
Schafgarbe	Achillea filipendulina;	Trompetenbaum	Catalpa
	Achillea millefolium	Türkischer Mohn	Papaver orientalis
Schaftdolde	Hacquetia epipactis *Variegata*	Venushaarfarn	Adiantum capillus-veneris
Schaublatt	Rodgersie	Verbene	Verbena hastata
Scheincalla	Lysichiton	Vergissmeinnicht	Myosotis
Scheinhortensie	Deinanthe caerulea	Wacholder	Juniperus
Scheinmohn	Meconopsis cambrica	Waldanemone	Anemone nemorosa
Scheinzypresse	Chamaecyparis		*Bracteata Plena*
Schleifenblume	Iberis	Waldgeißbart	Lonicera periclymenum
Schmetterlingsstrauch	Buddleja davidii	Waldlilie	Trillium chloropetalum
Schneeball	Viburnum plicatum *Waternabe;*	Waldmarbel	Luzula sylvatica
	Viburnum plicatum *Marisii*	Waldrebe	Clematis
Schneeglöckchen	Galanthus	Waldschmiele	Deschampsia caespitosa
Schopfteufelskralle	Physoplexis comosa		*Bronzeschleier*
Seerose	Nymphaea	Walnussbaum	Juglans
Septembersilberkerze	Cimicifuga	Wasserdost	Eupatorium
Silberling	Lunaria	Wasserhyazinthen	Eichhornia
Sonnenblume	Helianthus	Weberkarde	Dipsacus sativus
Sonnenhut	Echinacea	Weide	Salix Ivigtutiana
Spiere	Spiraea japonica	Weidenblättrige Birne	Pyrus salicifolia
Stechpalme	Ilex	Weidenröschen	Epilobium albiflorum
Steinbergie	Steinbergia lutea	Weigelie	Weigela
Steinbrech	Saxifraga longifolia	Wiesenraute	Thalictrum;
Steinsame	Buglossoides		Thalictrum rochebrunnianum
Steppenkerze	Eremurus robustus	Wilde Karde	Dipsacus fullonum
Sterndolde	Astrantia;	Wilder Wein	Parthenocissus quinquefolia
	Astrantia major *Abbey Road*	Winterjasmin	Jasminum nudiflorum
Sternmagnolie	Magnolia loebneri *Leonard Messel*	Wolfsmilch	Euphorbia
Stockrosen	Alcea rosea	Wollgras	Eriophorum
Storchenschnabel	Geranium	Zaubernuss	Hamamelis
Süßkartoffel	Ipomoea batatas	Ziererdbeere	Fragaria
Taglilie	Hemerocallis	Ziergras	Miscanthus sinensis
Tannenwedel	Hippuris vulgaris		*Zebrinus-Strictus*
Taubnessel	Lamium	Zuckerahorn	Acer saccharum

Aus der Reihe »Offene Gärten«

Beate Schöttke-Penke,
Christian Lehsten

Offene Gärten
in Mecklenburg

228 Seiten, 246 farbige Abbildungen,
Festeinband
ISBN: 978-3-940101-54-9
22,90 €

Erhältlich im Buchhandel und
unter **www.steffen-verlag.de**

Mecklenburger Gärten öffnen ihre Pforten

Offene Gärten sind Einladungen in Natur-Kleinode und zu den Menschen, die diese Anlagen schufen, hegen und mit Gästen teilen. Fünfundzwanzig dieser mecklenburgischen Refugien eröffnet dieser Text-Bildband dem Leser und Betrachter. Denk- und Empfindungsräume außerhalb des Alltags erschließen sich in ihrer natürlichen Schönheit und laden zum verweilen ein. Neben Ansichten von Gartenanlagen verschiedenartigster Prägung bietet der prächtig ausgestattete Hardcoverband einen reichen Schatz an botanischen Kostbarkeiten, Gärtnertipps und Lebensweisheiten.
Eine Reise ins mecklenburgische Eden.

Die Deutsche Nationalbibliothek verzeichnet
diese Publikation in der Deutschen Nationalbibliografie;
detaillierte bibliografische Daten sind im Internet
über http://dnb.d-nb.de abrufbar.

1. Auflage 2011
© Steffen Verlag
Steffen GmbH, Mühlenstraße 72, 17098 Friedland,
Tel.: (03 96 01) 274-0, E-Mail: info@steffen-verlag.de,
www.steffen-verlag.de

Titelfoto/Fotos: Doro Wiederhold
Fotos: Karin Konrath (S. 45 r., 50/51), Evelyn Fleming (S. 64),
Rudolf Lanning (S. 112)
Tonobjekte im Garten Bose: Bärbel Rothhaar

Herstellung: Steffen GmbH, Friedland, www.steffendruck.com

ISBN 978-3-940101-90-7